CB063393

ARMAS BRANCAS

Lanças, espadas, maças e flechas: como lutar sem pólvora da pré-história ao século XXI

Antonio Luiz M. C. Costa

1ª edição

Editora Draco

São Paulo
2016

Antonio Luiz M. C. Costa

Formou-se em engenharia de produção e filosofia, fez pós-graduação em economia e foi analista de investimentos e assessor econômico-financeiro antes de reencontrar sua vocação na escrita, no jornalismo e na ficção especulativa. Além de escrever sobre a realidade na revista CartaCapital, é autor de *Títulos de Nobreza e Hierarquias: um guia sobre as graduações sociais na história*, do romance *Crônicas de Atlântida: o tabuleiro dos deuses* e de dezenas de contos e novelas.

© 2016 by Antonio Luiz M. C. Costa

Todos os direitos reservados à Editora Draco

Publisher: Erick Santos Cardoso
Edição: Antonio Luiz M. C. Costa
Produção editorial: Janaina Chervezan
Capa e ilustrações do miolo: Ericksama

Dados Internacionais de Catalogação na Publicação (CIP)
Ana Lúcia Merege 4667/CRB7

C 837

Costa, Antonio Luiz M. C.

Armas Brancas - Lanças, espadas, maças e flechas: Como lutar sem pólvora da pré-história ao século XXI / Antonio M. C. Costa. – São Paulo : Draco, 2016.

ISBN 978-85-8243-093-4

1. Armas brancas 2. Equipamento bélico I. Título

CDD 355.8

Índices para catálogo sistemático:
1. Armas 355.8

1ª edição, 2016

Editora Draco
R. César Beccaria, 27 - casa 1
Jd. da Glória – São Paulo – SP
CEP 01547-060
editoradraco@gmail.com
www.editoradraco.com
www.facebook.com/editoradraco
Twitter e Instagram: @editoradraco

INTRODUÇÃO	6
ARMAS DE MÃO	8
Materiais	12
Clavas e maças	20
Soqueiras	28
Martelos, malhos e picaretas	30
Machados e achas	32
Tridentes curtos	35
Foicinhas	36
Lanças curtas	37
FACAS, ADAGAS E PUNHAIS	40
Punhais e estiletes (facas de estocada)	41
Adagas (facas de dois gumes)	42
Facas de combate (de um só gume)	46
Facões	51
Facas de empunhadura perpendicular	53
ESPADAS	55
Espadas de um só gume	57
Espadas curvas de bronze	59
Espadas de gume côncavo	60
Alfanjes	62
Sabres ocidentais	66
Sabres chineses	69
Nihonto (espadas japonesas)	73
Cimitarras	78
Espadas africanas de um só gume	80
Espadas de dois gumes	82
Gládios (espadas curtas)	83
Gládios de bronze	84
Espadas (espadas longas de uma mão)	88
Espadas ocidentais	89
Espadas orientais	97
Espadas africanas	100
Espadões (espadas de dois gumes para duas mãos)	101
Espadas de estocada	105
Espadas de lâminas complexas	110
ARMAS ARTICULADAS E FLEXÍVEIS	114
Chicotes	115
Manguais e derivados	116
Cordas e correntes	118
Matracas	120
ARMAS DE HASTE	122
Bastões, bordões e varapaus	123
Lanças	126
Archas e alabardas	137
Baionetas	146
ARMAS DE ARREMESSO	148
Armas de arremesso simples	149
Pedras e pesos	150
Bastões de arremesso	152
Boleadeiras	154
Chakras, adagas e shurikens	155
Machadinhas	160
Dardos, azagaias e pilos	161
Armas de arremesso complexas	165
Lança-dardos	166
Amento	167
Fundas	169
Zarabatanas	171
Arcos, flechas e bodoques	172
Alcance e velocidade com diferentes tipos de arcos	177
Arcos simples	178
Arcos desmontáveis	181
Arcos reforçados	182
Arcos laminados	183
Arcos compósitos de pontas flexíveis	185
Arcos compósitos de pontas rígidas	186
Arcos duplos	188
Arcos compostos	189
Flechas	190
Bodoques	196
Virotes	206
Venenos	208
BIBLIOGRAFIA	210

Introdução

Este é um manual sobre o uso literário de armas brancas. Saber pelo menos o básico sobre elas é obrigatório para quem pretende escrever fantasia medieval e mais ainda para quem quer escrever ficção histórica, tanto situada na Idade Média europeia quanto na Antiguidade, na Idade Moderna ou em outras civilizações. Para facilitar a referência de quem lê ficção e RPGs em inglês, procurei dar o nome equivalente para as principais armas e conceitos.

O que são, para começar, armas brancas? No sentido estrito, usado na classificação museológica (correspondente a *white weapon* em inglês), são apenas as armas com lâminas metálicas para cortar com o gume ou perfurar com a ponta (espadas, adagas, lanças, machados, alabardas etc.). No sentido mais geral, que usaremos aqui, abrangem todo instrumento de agressão portátil, usado por uma só pessoa, que não seja uma arma de fogo (e a tradução mais exata em inglês seria *cold weapon*) e que tenham sido usados mais ou menos sistematicamente em combate ou na caça. Estão excluídos, portanto, os equipamentos defensivos (escudos, armaduras etc.) e as máquinas de cerco e artilharia, que necessitam várias pessoas (e animais) para serem transportadas e usadas. Também não foram considerados os instrumentos de execução e tortura.

Do ponto de vista médico-legal, as armas brancas (incluindo ferramentas e outros objetos improvisados em armas) são frequentemente classificadas em contundentes (*blunt weapons*), perfurantes (*stabbing weapons*) e cortantes (*cutting weapons*). Na prática, muitas armas são feitas de maneira a produzir dois ou três tipos de trauma, alternativamente ou ao mesmo tempo, e o objetivo final, esporte ou treinamento à parte, é o mesmo: matar ou incapacitar o adversário (ou pelo menos intimidá-lo a ponto de se render).

Visto que este guia não se destina a colecionadores, nem a legistas, este texto não entra em detalhes no que se refere à aparência das armas, nem ao tipo de ferimentos que produz. O foco está no modo de usar, no contexto histórico e cultural em que foram usadas e no seu papel mitológico, folclórico ou literário, quando vem ao caso. A classificação geral das armas aqui adotada é a seguinte:

i. **Armas de mão** (*melee weapons*), usadas corpo-a-corpo com a força do braço, às vezes com duas mãos;

ii. **Armas de haste** (*polearms*), usadas em combate de formação, só excepcionalmente em combate corpo-a-corpo, sempre com as duas mãos.

iii. **Armas de arremesso** (*ranged weapons*), lançadas à distância com as mãos (simples) ou algum arremessador (complexas).

Armas de Mão

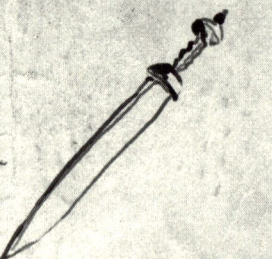

No caso das armas de mão médias e longas, é importante ter em mente uma característica que não é óbvia ao espectador e raramente mencionada nos RPGs, mas é essencial a quem de fato as usa: o **equilíbrio** (*balance*), ou seja, a localização do centro de massa ou de gravidade em relação ao pivô ou ponto de rotação da arma (normalmente a empunhadura).

Quanto mais longa e pesada é a arma e mais próximo do ponto de impacto é o centro de massa, maior é a energia do golpe. Por isso, clavas, martelos e machados são mais grossos na ponta que no punho ou têm algo pesado fixo na ponta. Mas isso traz uma desvantagem: o torque, ou seja, o esforço para fazer a arma girar com a velocidade necessária, é proporcionalmente maior. Mesmo que se seja forte, o golpe é relativamente lento e, se falhar, é maior o tempo necessário para voltar a preparar a arma, tomar impulso e desferir outro. Uma vez impulsionada a arma, é praticamente impossível mudar a direção do golpe ou usá-la para aparar um golpe. Fintas e manobras sutis são impraticáveis.

Para um guerreiro com mais força do que técnica, uma arma pesada e desequilibrada, contundente ou cortante, podia ser a melhor opção, principalmente se enfrentava um adversário protegido por escudo, cota de malha, couraça ou armadura. Mas dentro do que é razoável manejar no campo de batalha. Os machados, maças e martelos gigantescos das ilustrações de RPGs e gibis (principalmente nas mãos de anões e bárbaros) são impraticáveis.

A tradição de exagerar o peso das armas para enfatizar a força de heróis poderosos é, porém, tão velha quanto a literatura de fantasia. O Épico de Gilgamesh, a mais antiga obra do gênero, atribui ao machado do herói o peso de três talentos (90 quilos) e o bastão do macaco mágico chinês Sun Wukong pesava oito toneladas.

Tratando-se de deuses e semideuses como Thor ou Héracles, tudo é possível. Quando se trata de meros mortais, porém, poucas armas brancas feitas para combate real pesaram mais de dois quilos e quase nenhuma mais de quatro. Com exceção das baionetas caladas, das maiores bestas e de certas armas de haste muito longas para lentas manobras em formação, como as sarissas macedônicas e os piques da Europa moderna, armas que pesam mais que quatro quilos foram quase sempre cerimoniais, usadas em desfiles ou como oferenda aos deuses.

Alguns tipos de treinamento militar e de artes marciais promovem o uso de armas maiores e mais pesadas que o normal como forma de preparação para depois usar as armas reais com maior facilidade, mas tentar usar tais monstruosidades na guerra propriamente dita seria uma forma particularmente estúpida de suicídio. Um machado pesado pode servir para derrubar árvores, assim como um grande malho para quebrar pedras, mas esses são alvos imóveis e incapazes de reagir, que esperam pacientemente o golpe.

Se o combatente é ágil e se o alvo não tem armadura, a melhor opção pode ser uma arma leve e bem equilibrada, com o centro de massa próximo da empunhadura. Com isso, a agilidade dos movimentos é muito maior. Basta uma rápida torção de punho e uma fração de segundo para preparar o golpe de uma espada de duelo e mover sua ponta de um extremo a outro do corpo do adversário. A energia do impacto é pequena, mas se a arma for afiada, não é preciso muita força para desferir um golpe mortal.

A maioria das armas manuais procurou uma combinação de impacto com agilidade adequada às características do usuário e às condições reais do combate. Espadas tradicionais de corte costumam ter o centro de gravidade entre o centro e a empunhadura e o ponto de impacto a um terço do comprimento (a contar da ponta). Nas espadas ocidentais, o pomo (*pommel*), uma bola, disco, crescente ou pequena escultura fixada na ponta do punho, proporciona o equilíbrio desejado (além de evitar que a espada escape da mão e poder ser usado para golpear). Nas orientais, o mesmo efeito é obtido com um punho mais prolongado.

Facões, cutelos e machetes, armas desequilibradas que normalmente são usados para cortar mato ou fatiar carne, são terríveis contra vítimas indefesas, mas são piores do que nada para enfrentar um espadachim competente que lida com uma arma bem equilibrada.

Por outro lado, convém lembrar que, por hábil que seja o guerreiro, uma arma mais pesada geralmente leva vantagem ao se chocar com uma mais leve. Um samurai com uma catana teria boas chances de vencer um guerreiro europeu armado com um montante, mas precisa atingi-lo primeiro. Se as duas espadas se chocarem a japonesa se quebrará (aço de qualidade superior ajuda, mas só até certo ponto). Da mesma forma, um bom esgrimista europeu moderno teria grandes chances de derrotar um samurai, apesar de ter uma espada mais frágil.

Materiais

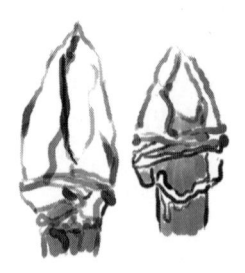

Os materiais usados nas armas mais primitivas são a madeira e a pedra, mas não de qualquer tipo. Em geral, preferem-se madeiras duras e flexíveis, que verguem ligeiramente sem quebrar. Na Europa, geralmente preferiu-se o teixo para arcos e armas de haste, na Ásia, o bambu, no Brasil, o pau-ferro, o ipê, o tucum e a macaúba. Ossos, chifres, galhadas de veado (cerveiras), marfim, dentes e presas, superiores à madeira, são também usados em várias armas primitivas. Bambu e conchas foram também usados em instrumentos cortantes.

A **pedra** mais comumente usada em armas, desde o paleolítico, é o sílex ou pederneira, mas ainda melhor, quando disponível, é o jade, resistente e belo. Arenitos, frágeis e friáveis, são usados quando não há outra opção. A obsidiana, vidro vulcânico, é também frágil, mas forma bordas extremamente cortantes que foram aproveitadas pelos astecas em várias armas.

O **chumbo**, conhecido desde 6400 a.C., é um metal macio demais para a maioria das armas brancas, mas sua alta densidade (11,3 gramas por centímetro cúbico) o tornou ideal para a fabricação de pelouros, pelotas de chumbo arremessadas por fundas, bodoques e certas bestas na caça e às vezes na guerra, e mais tarde também como munição de armas de fogo. Às vezes foi também usado para conferir peso a dardos e maças.

O **cobre**, às vezes encontrado na natureza na forma de pepitas relativamente puras (cobre nativo) ou ligadas com outros metais (como é o caso da tumbaga, liga natural de cobre e ouro usada pelos incas), foi o primeiro metal a ser usado em armas, desde 7700 a.C. no Sudeste Asiático, 7000 a.C. na Europa e 4000 a.C. na América do Sul. Sendo, porém, relativamente macio, foi pouco útil em lâminas e pontas de lança, salvo para fins decorativos. Era mais eficiente quando usado em cabeças de maça (como faziam os incas), visto ser inquebrável e mais denso (8,96 gramas por centímetro cúbico) do que qualquer pedra comum.

A descoberta do **cobre arsenical**, liga natural ou (raramente) artificial de cobre e arsênico, por volta de 4300 a.c., tornou o metal mais utilizável em adagas e pontas de lança e foi comum no Oriente Médio até o II milênio a.c. Também foi usado nas culturas do norte dos Andes (Equador, norte e centro do Peru).

O **bronze**, liga artificial ou (raramente) natural de cobre e estanho, surgiu no IV milênio a.c. em Susa (atual Irã), espalhando-se depois para a Mesopotâmia e a China. Nas Américas, a produção da liga não chegou a ser inventada de maneira independente, mas as culturas do sul dos Andes usaram ligas naturais de bronze. Quase tão denso (8,9 gramas por centímetro cúbico) e mais duro e resistente que o cobre, o bronze foi o fundamento da revolução tecnológica conhecida como Idade do Bronze, associada ao surgimento das primeiras grandes civilizações. Alguns povos dominaram a arte de fundir o bronze a ponto de produzir lâminas com quantidade variável de estanho no núcleo e no gume, de modo a obter uma lâmina resistente e flexível (com baixo teor de estanho) e um gume duro e afiado (com alto teor de estanho). Embora não permitissem lâminas tão leves e gumes tão afiados quanto mais tarde foi possível com o aço, adagas, espadas e lanças de bronze eram plenamente eficazes. Além disso, ao contrário do ferro e do aço, o bronze é quase imune à corrosão.

A principal desvantagem do bronze em relação ao ferro era a relativa raridade de suas matérias-primas. Cobre e estanho dificilmente eram encontrados juntos e a produção de bronze, quase desde o início, implicou no surgimento de rotas comerciais de longa distância: o Oriente Médio, por exemplo, ia buscar estanho tão longe quanto nas Ilhas Britânicas. Isso tornava o bronze relativamente caro, de forma que nunca foi amplamente usado em ferramentas de uso popular. Nas civilizações que usavam amplamente o bronze em armas de guerreiros e utensílios de nobres e sacerdotes, armas e ferramentas de camponeses continuaram sendo feitas basicamente de pedra e madeira.

O **ferro** não era totalmente desconhecido na Idade do Bronze, mas ferro de boa qualidade era raríssimo e mais valioso do que o ouro. Na tumba do faraó Tutankhamon havia muito ouro, incluindo um ataúde de 110 quilos de ouro maciço e uma máscara de 11 quilos, mas o único objeto de ferro era uma adaga, que fazia par com outra de ouro endurecido. Como esse metal rapidamente se oxida na natureza, só era encontrado em forma nativa em meteoritos de ferro (cujo metal se caracteriza por um alto teor de níquel, cerca de 7,5%) e era visto como um misterioso e divino "metal celestial", como o chama um poema épico da Mesopotâmia que trata de um herói cujas armas eram forjadas com esse material. Talvez o "adamanto" mencionado na mitologia grega fosse o ferro meteorítico visto com os olhos da Idade do Bronze.

Apesar de a produção de ferro a partir de minério exigir temperaturas muito mais altas e fornos mais avançados que a metalurgia do bronze, ela já existia por volta de 3000 a.C. na Síria, mas esse metal era ferro-gusa (*pig iron*), quebradiço devido ao alto conteúdo de carbono (4%-5%) e pouco útil em combate, servindo apenas para fins decorativos.

Os primeiros a descobrir como reduzir o teor de carbono e produzir aço, ou seja, ferro com teor adequado para uso em armas, foram os hititas, a partir de 1500 a.C. A técnica se espalhou pelo mundo, exceto Américas e Oceania, dando início a nova revolução tecnológica, a Idade do Ferro, que começou no Oriente Médio em 1300 a.C., na Europa e Índia em 1200 a.C., na China em 600 a.C. (chegando à Coreia em 400 a.C. e ao Japão em 100 a.C.) e na África Ocidental em 400 a.C. (alcançando a África Oriental entre 100 e 300 d.C. e o extremo sul em 400 d.C.). Essa revolução foi mais abrangente que a da Idade do Bronze, pois os minérios de ferro são suficientemente comuns na maior parte do mundo para permitir que o ferro fosse produzido localmente a baixo custo e ser usado em ferramentas agrícolas e utensílios domésticos, aumentando a produtividade em todos os aspectos. O aço, embora obtido das mesmas matérias-primas, continuou dependendo de um processo de produção especializado, demorado e caro até 1855, quando o processo Bessemer permitiu sua produção em grande quantidade e a baixo custo. Na Idade Média, o ofício de ferreiro (*blacksmith*), que trabalhava com o ferro forjado para ferramentas, ferraduras e outros itens de uso comum, era separado do de armeiro (*swordsmith*), que produzia e trabalhava aço para armas e armaduras.

O ferro é usado em várias formas, obtidas a partir do ferro-gusa:

O **ferro fundido** (*cast iron*), de relativamente alto teor de carbono (2%-4%), foi produzido na China a partir de 550 a.C. e na Europa a partir do século XV. Relativamente quebradiço, mas duro e resistente à corrosão, foi usado em certos utensílios (inclusive arados e panelas), certas armas brancas orientais (maças e machados) e, na Idade da Pólvora, também em canhões.

O **aço** (*steel*), de médio teor de carbono (0,2% a 2%), é o mais adequado para lâminas, por combinar flexibilidade e dureza. As fórmulas e técnicas para produzir aço de qualidade superior foram ciosamente guardadas desde a Antiguidade até o início da era industrial. A densidade, de 7,75 a 8,05 gramas por centímetro cúbico.

O aço de melhor qualidade até o início da Idade Moderna foi o *wootz*, inventado no sul da Índia em 300 a.C. e exportado para o Oriente Médio, Europa e Sudeste Asiático até cerca de 1700, quando sua tradição se perdeu. Famoso pela dureza e tenacidade, que lhe permitia criar lâminas extremamente afiadas e ao mesmo tempo flexíveis o suficiente para resistir a golpes sem quebrar, era caracterizado pela abundância de carbonetos ultraduros que se precipitavam em faixas, dando ao metal o padrão característico de linhas curvas que caracterizavam o "aço de Damasco", cidade cujas forjas faziam as melhores espadas da Idade Média.

Assim como a proporção de estanho controla a dureza do bronze, a proporção de carbono pode controlar a do aço. No norte da Europa, durante a Alta Idade Média, isso era feito combinando, dobrando e torcendo peças de ferro forjado e aço de alto carbono na proporção desejada. No fim da Idade Média, passou-se a obter aços mais homogêneos, forjando e soldando ligas de diferente composição.

No Ocidente, os armeiros obtinham espadas afiadas e flexíveis combinando camadas de aço de baixo carbono, mais maleável, no núcleo e lados com outras de alto carbono, mais duras, na ponta e nos gumes. Em seguida, a lâmina era temperada, sendo submetida a aquecimentos e resfriamentos controlados que rearranjavam os átomos de ferro e carbono formando cristais de martensita, mais rígidos e duradouros. Depois era afiada, polida e eventualmente decorada.

No Oriente, as espadas eram construídas pelo método chinês de esquentar a lâmina, dobrar e martelar, repetidamente, processo que eliminava gradualmente o carbono até atingir a dureza desejada. Para controlar o resfriamento, a espada era pincelada com argila. Punha-se uma camada fina sobre o fio para resfriá-lo rapidamente, formando a martensita que o deixava mais duro e uma grossa no resto da lâmina para o resfriamento mais lento deixar o aço mais macio, pela formação de perlita. A têmpera diferenciada, perlita no dorso e martensita no fio, fazia a lâmina reta curvar-se e assumir a forma característica da catana.

A cor característica do aço de espadas antigas e medievais acabadas de boa qualidade é cinzento brilhante, às vezes com padrões adamascados de finas linhas onduladas mais escuras e mais claras. As descrições poéticas dos medievais falavam de armaduras e espadas "brilhantes", mas esse brilho era relativo em relação à cor escura ou negra do ferro comum, normalmente coberto de óxido negro ou das espadas "pretas", tratadas ou pintadas para protegê-las da corrosão – jamais um tom espelhado ou prateado.

Hoje, porém, réplicas para colecionadores ou para uso no cinema e teatro são frequentemente feitas de aço inoxidável, brilhante como um espelho. Esse aço, com alto teor (11% ou mais) de cromo, foi inventado no início do século XX e produzido industrialmente depois da I Guerra Mundial. Sendo resistente à ferrugem e corrosão, é excelente para facas de cozinha e instrumentos cirúrgicos, mas inadequado para a esgrima e ainda menos para combate real, pois é quebradiço e pouco flexível. Espadas feitas modernamente para esgrima, recriação histórica ou colecionadores historicamente conscientes são feitas com aço-carbono acinzentado que, mesmo produzido industrialmente, pode ser tão resistente quanto o das melhores espadas medievais e japonesas tradicionais.

Assim como armas de fogo, armas "brancas" de aço de maior tamanho que precisam ser protegidas da corrosão, como as usadas por mergulhadores e comandos, não são feitas de aço inoxidável, e sim de aço-carbono submetido à oxidação negra (*bluing*) ou fosfatização (*parkering*), formando uma película protetora escura que protege de corrosão adicional (e ainda elimina brilhos indesejados que podem trair um ataque de surpresa).

O **ferro forjado** (*wrought iron*), de baixo teor de carbono (0 a 0,2%) e mais maleável, foi o mais usado em ferramentas e utensílios populares ao longo da história, por ser fácil de moldar.

Vale notar que em muitas culturas acredita-se que certas criaturas mágicas, ou mesmo deuses, têm medo ou repugnância ante o ferro. Em várias partes da Europa, acreditava-se que pregar uma ferradura numa porta impedia a entrada de duendes e outros maus espíritos, enterrar uma faca de ferro debaixo da entrada de uma casa fechava o caminho às bruxas, ou rodear um cemitério com uma cerca de ferro impedia os fantasmas dos mortos de saírem. Em alguns países, é ou foi hábito tocar uma peça de ferro e dizer algo como *cold iron* ("ferro frio") em inglês ou *tocca ferro* ("toca ferro") em italiano ao se ver, falar ou ouvir algo de mau agouro (equivalente a "bater na madeira" no Brasil) para espantar o azar.

Na construção do Templo de Salomão, "edificava-se a casa com pedras já preparadas nas pedreiras, de maneira que nem martelo, nem machado, nem instrumento algum de ferro se ouviu na casa quando a edificavam" (Primeiro Livro dos Reis, 6:7). Na Roma antiga, o cabelo e as unhas do *Flamen Dialis*, o principal sacerdote de Júpiter, não podiam ser cortados com instrumentos de ferro, e de maneira geral evitava-se o ferro e usava-se instrumentos de bronze nos serviços religiosos. No candomblé, não se usa ferro no culto da orixá Nanã (Zumbá no candomblé Angola), nem mesmo no sacrifício de animais ou raspagem de cabelo (usa-se uma faca de bambu ou de concha), e ela não pode ser cultuada no mesmo ambiente que Ogum (Nkosi, no candomblé Angola), que é o orixá ferreiro.

Essas tradições parecem relacionadas à percepção que o ferro, inexistente como metal na natureza, é um material eminentemente artificial e "humano", ou à lembrança de que houve uma época anterior à do uso do ferro. Por isso, seria hostil às entidades mágicas mais ligadas à natureza, ou às mais arcaicas. Na Europa, artefatos pré-históricos de pedra, encontrados ocasionalmente por camponeses, eram considerados armas e utensílios de elfos e fadas.

Também existe a ideia de que a **prata** é hostil a certas criaturas mágicas, mas todas as referências folclóricas autênticas se referem a "balas de prata", o que faz supor que essa noção surgiu já na Idade da Pólvora. Incluem o uso de uma bala de prata abençoada para matar a besta de Gévaudan, suposto lobisomem abatido na França em 1767; o conto "Os Dois Irmãos" dos Irmãos Grimm, em que botões de prata são usados numa espingarda para matar uma bruxa depois que balas de chumbo se mostram inúteis; e a lenda búlgara do herói rebelde Delyo, que combateu o sultão Otomano e era invulnerável às armas comuns, o que exigiu que seus inimigos fundissem uma bala de prata para matá-lo. Os metais preciosos são conhecidos desde a pré-história e armas brancas de ouro e prata existiram para fins cerimoniais ou como insígnia de cargo ou classe, mas não há histórias que lhes atribuam poderes especiais.

O **mithril** é um metal imaginado por J.R.R. Tolkien, ao qual ele atribuiu as propriedades de ser leve, prateado, imune à corrosão e mais resistente que o aço. O nome viria do sindarin *mith*, "cinzento" ou "bruma", e *ril* "brilho". Em seu universo, é muito raro e era encontrado apenas nas minas de Khazad-dûm, tendo sua produção cessado desde a expulsão dos anões. Quando era produzido, valia dez vezes mais que o ouro. Uma vez que a produção cessou, tornou-se inestimável: a indestrutível cota de *mithril* usada por Frodo valia "mais que o Condado inteiro".

O **oricalco** é um metal citado em alguns textos da Antiguidade grega como usado nos brincos de Afrodite e numa armadura de Héracles, mas a menção mais famosa está no *Crítias* de Platão, segundo o qual era um metal especialmente apreciado em Atlântida, que o usava em decoração, no revestimento de suas muralhas "que brilhavam como fogo" e no pilar no qual escreviam suas leis. O nome vem do grego *oros*, "monte" e *chalcos*, "cobre" e provavelmente referia-se originalmente a alguma liga natural de cobre, provavelmente latão (cobre e zinco), que era conhecido, mas raro, antes de 1000 a.C. Para os romanos, oricalco era certamente o latão, que produziam a partir de cobre e de um minério rico em zinco (ainda que não o conhecessem como metal). A associação com a misteriosa Atlântida levou alguns escritores, porém, a imaginar o oricalco como um metal de propriedades extraordinárias. Em *Os Ancestrais de Avalon*, de Diana Paxson (que faz uma ponte entre *A Queda de Atlântida* e *As Brumas de Avalon* de *Marion Zimmer Bradley*), os atlantes usam espadas de aço com gume de oricalco que são capazes de derrubar árvores com um simples golpe.

O **adamanto** é citado na mitologia grega como um metal indestrutível, capaz de ferir e encadear os próprios deuses. Era feita de adamanto a harpe com a qual Crono castrou Urano, como também a que Perseu usou para decapitar a Medusa. Também eram feitos de adamanto os grilhões com os quais Zeus prendeu Prometeu e os portões do Tártaro onde os Titãs foram aprisionados. Deve ser imaginado como um aço indestrutível.

A ficção científica às vezes imagina armas brancas feitas de materiais especiais. Por exemplo, uma espada que combinaria lâmina de nanotubos de carbono com fio monoatômico de diamante: seria tão resistente e cortante quanto se pode imaginar, e ao mesmo tempo muito leve: nanotubos de carbono tem densidade de 1,3 a 1,4 gramas por centímetro cúbico. Chicotes e outras armas de filamentos monomoleculares (*monowires*) de material não especificado, etéreos e capazes de cortar qualquer material, são citados em histórias de ficção científica desde o *Duna* de Frank Herbert, em 1965.

Hidrogênio metálico é citado como matéria-prima da *Espada da Galáxia* de Marcelo Cassaro. O material certamente existe no interior de planetas gigantes como Júpiter, onde é formado por pressões gigantescas, mas não se sabe se seria estável sob pressões normais. De qualquer forma, a densidade prevista desse material seria muito baixa (cerca de 0,8 gramas por centímetro cúbico, como indicam tanto os modelos teóricos quanto a densidade dos planetas gigantes), ao contrário do que diz o romance, que descreve a espada como muito pesada.

Vibrolâminas (*vibroblades*) são também citadas na ficção científica como parte de armas brancas futuristas. Foram citadas pela primeira vez por Robert Heinlen em *Se Isto Continuar*, uma novela de 1940, e fazem parte do cenário de *Star Wars*, mas é duvidoso se funcionariam na prática. As armas brancas "definitivas", naturalmente, são as feitas de campos de força, como os "sabres de luz" (*lightsabers*) de *Star Wars*, provavelmente as armas mais populares da história do cinema. Lâminas de campos de força foram citadas de passagem pela primeira vez (como um *penknife*, "canivete de força"), por Isaac Asimov em *Fundação* (1951) e mais sistematicamente em sua série *Lucky Starr*, a partir de 1952, na qual Bigman Jones, parceiro do protagonista, usa frequentemente uma "faca de força" (*force knife*).

Clavas e maças

Por sua antiguidade e contundência, a maça é vista como símbolo de força e a arma por excelência: uma maça é tradicionalmente colocada sobre a mesa do presidente (*speaker*) da Câmara dos Comuns do Reino Unido para representar o poder real. A maça indiana, ou *gada*, é a arma simbólica de Vishnu, deus supremo da corrente principal do hinduísmo e também do supermacaco Hanuman, assim como a clava é a arma de Héracles.

Uma **clava** (*club*) ou **moca** é originalmente um pedaço de madeira grosso, segurado por uma das pontas. Os índios brasileiros usavam **tacapes** e **bordunas**, clavas compridas (de um a dois metros), mais pesadas em uma das pontas. No ritual antropofágico, os tupis faziam a **ibirapema** de pau-ferro (*Caesalpinia ferrea*), moldada no formato de um remo com bordas cortantes, ornamentada com pinturas, penas e borlas de algodão. Com ela, partiam com um só golpe o crânio da vítima destinada a ser devorada.

O ***waddy*** ou ***nullah nullah*** é a maça dos aborígenes australianos, com cerca de um metro e uma ponta redonda, ou achatada como uma cabeça de prego.

Os astecas, ao acrescentar cacos de obsidiana (vidro vulcânico) às bordas de um tacape achatado, criaram o ***macquahuitl***. Como o vidro é frágil, essa arma perdia facilmente o corte, era inútil contra armaduras de aço e precisava ser reparada a cada batalha. Por outro lado, podia decapitar um homem ou um cavalo (bastava golpear fundo e puxar, como num movimento de serra) e depois de perder o corte, ainda podia ser usada como clava. Existia em dois tamanhos: de uma mão, com cerca de 90 centímetros e 1,4 quilo, e de duas mãos, com 1,5 metro e 2,3 quilos.

Micronésios e polinésios faziam uma arma equivalente, usando dentes de tubarão em vez de cacos de obsidiana: era chamada *leiomano* no Havaí e *tebutje* nas ilhas Kiribati. Embora às vezes classificadas como "espadas", essas armas são desequilibradas e mais propriamente classificadas como clavas com gumes.

A *taiaha*, dos maoris da Nova Zelândia, tem a mesma forma achatada. A longa lâmina de madeira não tem dentes de tubarão ou lascas de obsidiana, mas a outra ponta leva uma ponta de lança de madeira que serve para estocar. Existem taiahas longas, de 1,5 a 1,8 metro, e curtas, de cerca de 60 centímetros.

A *tewhatewha*, também dos maoris, é um bastão com 95 centímetros a 1,60 metro com uma lâmina de madeira de 20 centímetros de comprimento na ponta, lembrando um machado. Mas os golpes não são dados com a lâmina e sim com o lado oposto da ponta. A lâmina geralmente tem um furo no qual se penduram penas de pombo ou falcão, para distrair o oponente.

O *patu*, ainda dos maoris da Nova Zelândia, tem a forma achatada de uma grande espátula lisa ou esculpida. Possui de 25 a 50 centímetros de comprimento, 7 a 12 centímetros de espessura e uma corda ou correia de couro para se prender à mão do usuário pelo cabo. Enquanto a maioria das maças é usada para bater de cima para baixo ou lateralmente em golpes lentos e potentes, esta costuma ser usada em lutas ágeis, com estocadas no peito e cabeça. Podem ser *patu tawaka* ou *patuki*, de madeira de pinho *rimu*; *patu paraoa*, de osso de baleia; *patu onewa*, de pedra grauvaque; *patu pora*, de ferro e *patu pounamu* ou *mere*, de jade (nefrita), que é a versão mais prestigiosa. Passadas com orgulho de geração para geração e com nomes próprios, essas armas tinham para os maoris a mesma aura mística das catanas para os japoneses. Um *patu* de madeira de tamanho médio pesa umas 300 gramas, de osso 600 gramas, de pedra ou jade 1 quilo, de ferro 1,75 quilo. O *kotiate* (literalmente, "fígado cortado") é semelhante, mas tem uma forma que lembra um fígado (ou um violino), e o **wahaika** tem uma forma curva, que lembra um alfanje curto e largo.

Os incas, que usavam uma armadura de algodão, tinham como armas principais o **chanpi** (chamado *porra* pelos espanhóis), um bastão de um metro com uma cabeça de pedra ou liga de cobre em forma de estrela e a **maqana** (*macana* em espanhol), que era maior (cerca de 1,2 metro) e usada com as duas mãos. Também era chamada **chaska chiqui** ("lança-estrela"). Em quéchua, *maqanakuy* é "guerrear".

Quando a tecnologia militar passou a incluir elmos e armaduras de maior eficiência, guerreiros com mais força do que habilidade ou disciplina procuraram usar armas contundentes pesadas e duras, como as maças com cabeça de aço. Tais armas são pouco úteis para exércitos que lutam em formação, como os antigos gregos ou romanos, mas foram comuns entre persas e indianos, em cujas guerras o combate singular e indisciplinado era mais comum.

A Idade Média também fez amplo uso de **maças** (*maces*), primeiro dotadas de rebites, depois de flanges de metal para melhor amassar ou penetrar armaduras. A variante alemã, chamada ***morgenstern*** (estrela-da-manhã), tinha um cabo de 60 centímetros e uma cabeça redonda ou alongada de 8 a 20 centímetros, eriçada de espinhos de um a cinco centímetros e foi usada na Baixa Idade Média e Renascença.

Maça de ponta é uma variedade de duas mãos usada no Flandres do século XIV, ali conhecida como *gepinde staf* ("bastão pontudo") ou *goedendag* ("bom-dia"). Com 1,5 metro de comprimento e 10 centímetros de diâmetro na extremidade, tinha também uma ponta de metal afiada de 35 centímetros, sendo usada por burgueses contra cavaleiros, alternativamente como lança e clava. Na França chamava-se *plançon a picot*. Uma maça para ser usada com uma só mão pesava entre um e dois quilos, enquanto maças de duas mãos chegavam a quatro quilos (com a *goedendag* no limite superior).

A **maça cabeça-redonda** (*roundhead*) foi usada na Guerra Civil Inglesa. Tinha uma cabeça de 23 centímetros, uma haste de 1,8 metro, doze espigões de ferro ao redor e um na ponta. O nome se devia a ser usada pela nobreza para submeter os plebeus, apelidados cabeças-redondas (*roundheads*) por não usar perucas.

A **bengala irlandesa** (inglês *shillelagh*, irlandês *sail éille*) é tradicionalmente feita de uma vara nodosa de abrunheiro ou carvalho, untada com manteiga e posta numa chaminé para curar e adquirir uma aparência negra e brilhante. Tem um punho pesado, que pode ser usado para golpear ou se defender de um adversário. Normalmente tem um metro e pesa um quilo, mas às vezes o punho é carregado de chumbo para torná-lo mais pesado. É frequentemente vista nas mãos de representações de *leprechauns*, como símbolo da cultura irlandesa.

A China usava vários tipos de maças:

- **shu** ou *zhang-er* era uma arma longa e leve, de 3 a 4 metros, de bambu ou madeira com uma cabeça de metal ou cilíndrica, originalmente usada em combate por cocheiros e depois como arma cerimonial, para abrir caminho para os imperadores;
- **jiu chi** era semelhante, mas menor e usada em pares, com cerca de 2,5 metros;
- **chang bang** (**maça longa**, literalmente "bastão longo") usada com as duas mãos, com cerca de dois metros e cabeça alongada, usada originalmente pela cavalaria; a *li gua* (melão em pé) e a *wo gua* (melão deitado) têm cabeças com essas formas respectivas e a guarda de honra do imperador usava uma variante chamada *jin gua* ("melão de ouro", pelas cabeças douradas), a *lang ya bang* ("bastão dente de lobo") tem cabeça em forma de melão, com seis ou oito linhas de cravos ao longo do comprimento e ainda há outras variantes, como *zao yang* ("formato de cabeça"), *zhang* ("palmeira"), *quan* ("peso") e *gu duo* ("flor de ossos");
- **chui** (**maça-martelo**, literalmente "martelo") maça curta, com cabo de 40-60 centímetros e cabeça pesada semelhante às maças ocidentais, com oito flanges (*ba leng chui*) ou com forma de melão (*gua ching chui*), com peso de 0,5 a 2 quilos, usado aos pares nas artes marciais;
- **jian** (**maça-espada**, mas *jian* com tom e logograma diferente do *jian* que é a espada propriamente dita), tinha uma empunhadura de espada e uma barra pesada (de seção quadrada ou retangular) no lugar da lâmina, comprimento total de um metro e peso de cerca de 1,5 quilo;
- **zhua** ("garra"), tinha a cabeça com a forma de um punho fechado segurando um cravo, capaz de golpes perfurantes, existindo em duas versões: longo, com haste de dois metros, chamado *jin longzhua*; e o curto, com cabo de um metro, usado em pares e chamado *hu zhua shuang zhua*.

O **kanabo** ou **tetsubo** japonês – uma clava comprida, de madeira, com rebites de ferro na maior parte de sua extensão – tinha finalidade semelhante. Mais longa e equilibrada que as clavas europeias, pesava até cinco quilos e chegava a 1,2 metro de comprimento na versão de duas mãos e a metade disso na versão de uma mão.

A ***ding zi guai***, usada em pares em artes marciais chinesas, é uma muleta reduzida ou bastão com cabo lateral de cerca de 85 centímetros e peso em torno de 300 gramas.

A ***tonfa*** do Japão (40-50 centímetros, 500 gramas) é semelhante e também usada aos pares. Segundo a tradição de Okinawa, a arma se originou da manivela usada nas mós de moinhos. Esta se parece também com a *mai sok san*, usada na arte marcial tailandesa do *kabi krabong*.

O ***jitte*** ou ***jutte*** japonês é um bastão de ferro de 30 a 60 centímetros e 400 a 800 gramas, com um dente saliente de 5 centímetros voltado para a frente logo acima do punho, que pode ser usado para aparar e imobilizar uma faca ou espada do adversário, enganchar-se nas roupas ou lábios do adversário, ou ser segurado para girar a arma e permitir certas manobras. Usados originalmente pela guarda do palácio do xogum, que era proibida de usar espadas, tornou-se distintivo dos samurais encarregados pelo xogunato de policiamento e fiscalização em geral. A técnica ou arte do seu uso é conhecida como *juttejutsu*, com várias escolas.

Leques de combate, com folhas de ferro ou pelo menos bordas de ferro, foram usados por nobres e samurais japoneses quando não tinham acesso às suas armas usuais, com cerca de 30 centímetros. Também são usados no *juttejutsu*. Há os seguintes tipos:

- ***gunsen*** ("leque de guerra") é um leque real, para abanar, mas reforçado, com lâminas retráteis internas de madeira, bronze e latão e externas de ferro leve, levado por guerreiros ao cinto, 200 a 300 gramas;

- ***tessen*** ("leque de ferro") é um leque com lâminas exteriores de chapas grossas de ferro, próprio para usar como arma oculta, como proteção contra dardos e flechas e como arma de arremesso, pesando 450 a 650 gramas;

- ***gunsengata tenerashi*** é uma pequena maça de ferro não desdobrável, disfarçada num leque fechado, de 450 a 650 gramas;

- **gunbai** ou **dansen uchiwa** ("abanador de guerra") é um grande abanador (sólido e aberto, sem lâminas retráteis) de ferro, madeira coberta por metal ou madeira sólida, usados por oficiais superiores para se proteger de flechas, como guarda-sol e para fazer sinais às tropas, com comprimento total de 45 centímetros (abanador de 27 x 21 centímetros), cabo de 16 centímetros e cerca de 650 gramas.

O **kipas** é a versão indonésia do *tessen*. O **mubuchae** é o leque de combate coreano, feito de madeira de bétula, às vezes com fitas metálicas flexíveis ou navalhas nas bordas, escondidas por penas. Podia servir para espalhar ácido, veneno ou pólvora com efeitos pirotécnicos quando aberto.

O **tekkan** é uma arma com o formato e o tamanho de uma *wakizashi* (espada curta), mas com uma barra de ferro curva no lugar da lâmina, usada no período Edo para defesa pessoal de mercadores e camponeses proibidos de portar espadas – e também por samurais depois de 1876, quando foram também proibidos de usá-las pelo regime Meiji. Tinha cerca de 70 centímetros de comprimento e cerca de um quilo.

O **vajra** (em chinês *jingang*, em japonês *kongo*, em tibetano *dorje*), um cetro curto formado por cestos de metal opostos ligados por uma barra ou esfera central, é a arma sagrada de Indra, deus hindu do trovão, que lhe foi feita pelo deus Tvastar e, como o martelo de Thor, representa o poder do raio e do trovão. No budismo, passou a ser o símbolo da escola *Vajrayana*, do budismo tibetano. Acredita-se que seja a versão estilizada de uma arma antiga, que era segurada por uma barra central para se golpear com o punho ou as cabeças laterais. Um vajra simbólico de ferro tem 17 centímetros e pesa 300 gramas.

A arma chamada **yawara** no Japão é uma pequena barra que se segura com a mão, originada do *vajra* (em japonês, *kongou*). No Japão, gerou a arte marcial *yawarajitsu* e foi usada por policiais nos anos 1940, reforçando o soco ou batendo com as pontas. Com 13 centímetros de comprimento e 2,5 de diâmetro, pesa 130 gramas. Tradicionalmente é de madeira, mas há versões modernas de alumínio. O **yubi-bo** é um bastão um pouco maior, de 20 centímetros.

O **kubotan** é uma barra de plástico de 14 a 20 centímetros de comprimento e 1,5 centímetros de diâmetro, com ranhuras para melhor aderência e um aro pendurado numa das pontas para ser usado como chaveiro. Foi inventado em 1970 pelo mestre de caratê Soke Kubota Takayuki, com o propósito de ser usado por policiais, e pode ser usado como *yawara*, segurado pelas chaves para ser usado como chicote, ou segurado pelo cabo para usar as chaves como um mangual em miniatura. Pesa 80 a 120 gramas.

Um **bastão** é uma simples vara curta, usada em certas artes marciais, notadamente a *eskrima* ou *arnis* das Filipinas, que a chama de *yantok* e a usa em pares. Quando usada para treinamento, é feita de ratã, mas podem ser feitas de madeiras duras como o *kamagong* (espécie de ébano) para combate real. Abrange as seguintes variedades:

- *Baston, olisi* ou *yantok* – varas de 60 a 70 centímetros
- *Largo mano yantok* – varas de 70 a 90 centímetros
- *Dulo y dulo* ou *pusak* – varas de 10 a 18 centímetros, seguradas na palma da mão como as *yawara* japonesas

Nas artes marciais coreanas, usa-se o **dan bong**, com 32 centímetros de comprimento e 3 de diâmetro e nas japonesas o **tanbo** ou **tambo**, com comprimento em torno de 45 centímetros.

No *kalaripayattu*, arte marcial do sul da Índia, usa-se o **kurunthadi** ou **muchan**, um bastão de 76 centímetros, usado como preparação para a luta com adagas; e o **otta**, um bastão de madeira curvo de 60 centímetros em forma de S, com empunhadura e com uma ponta arredondada, usado nas práticas mais avançadas do *kalari* – a ponta ataca pontos sensíveis do corpo e a base serve para defesa. Diz-se que quem domina o *otta* pode defender-se de inimigos até dormindo. Ambos são tradicionalmente feitos de madeira de tamarindeiro.

O **cassetete** (*baton, truncheon, billystick*) é um bastão de ponta arredondada, geralmente preso por uma correia ao pulso do usuário, utilizado por policiais e agentes de segurança em situações de confronto não-letal. Há vários tipos:

- **Cacete** (*straightstick*), o mais básico, é um bastão de madeira ou plástico denso com ponta arredondada e um pouco mais grossa que a empunhadura, de 30 a 90 centímetros, usado desde o antigo Egito.

- **Cassetete de cabo** (*nightstick*) é derivado da tonfa japonesa. Tem pontas arredondadas, cerca de 60 centímetros de comprimento e 3 de diâmetro, cabo de 13 a 14 centímetros e peso de 600 gramas.

- **Cassetete retrátil** (*expandable baton, extendo, telescopic baton*) é feito de dois ou três cilindros que se encaixam um dentro do outro e podem ser estendidos, o menor dos quais é geralmente maciço. Quando retraído, tem 15 a 25 centímetros de comprimento; estendido, de 45 a 75 centímetros. Pesa 350 a 700 gramas.

Soqueiras

Reforçar o impacto de um soco com um pedaço de pedra ou madeira é uma técnica muito antiga. Gladiadores romanos muitas vezes incorporavam pedaços de metal ao *cestus*, a luva de couro com que lutavam nas arenas. Os guantes ou manoplas, feitas de couro reforçado com anéis e placas de aço na Alta Idade Média e totalmente de aço na Baixa Idade Média e Renascença, foram provavelmente ainda mais eficazes.

O ***tekko*** é uma barra de madeira presa nas pontas a um meio aro de metal, formando um D ou estribo que se segura pela barra, que se diz ter evoluído a partir de ferraduras de cavalo.

Dos EUA, surgiu a **soqueira** ou soco-inglês (em inglês, *knuckledusters* ou *brass knuckles*, em francês *poing américain* "punho americano", em alemão *Schlagring*, "anel de impacto"). Feitos de ferro fundido, chumbo, latão ou madeira, popularizaram-se nos EUA a partir da Guerra Civil (1861-65) e foram às vezes incorporados ao cabo de facas e pistolas. Alguns têm pontas, que os tornam mais difíceis de agarrar por um adversário e mais perigosos. Têm cerca de 10 a 12 centímetros de largura e pesam de 65 a 450 gramas, dependendo do desenho e do material. Os mais tradicionais, de latão, pesam 200 a 300 gramas e são capazes de quebrar ossos, mas hoje são mais frequentemente feitos de alumínio e pesam 75 a 175 gramas.

O ***bag nakh*** ("garra de tigre") é uma arma indiana formada por duas a cinco lâminas de metal curvas e pontudas que se projetam como garras de uma barra, segura pela mão em punho por alças laterais. Tem cerca de 11 centímetros de largura, com garras de 5 centímetros e pesa cerca de 130 gramas. Algumas delas têm também uma "garra" lateral ou mesmo uma lâmina de *bichawa* (tipo de adaga), chamando-se nesse caso **bichawa bagh-nakh**.

O **tekagi-shuko** ("gancho mão de tigre") é uma arma também formada por garras, mas usada sobre a palma, em vez dos nós dos dedos, e presa à mão por correias de couro. Servia aos ninjas principalmente como ajuda para escalar muros e árvores, mas também podia ser útil em combate. Quando usada nos pés, é **ashiko**. Ninjas também usavam **neko-te** ("garra de gato"), pequenas garras de metal presas aos dedos que podiam ser envenenadas.

Martelos, malhos e picaretas

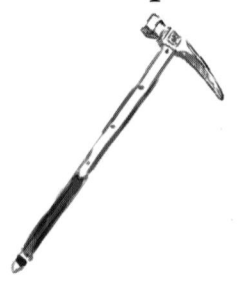

Na mão de Thor, o deus nórdico, o martelo Mjölnir representa o som do trovão. Analogamente, o orixá ioruba Xangô e o deus maia Chaac usam machados de pedra e o hindu Indra usa o *vajra*, que é uma soqueira estilizada. O martelo também é associado ao deus Hefaistos e aos anões da mitologia nórdica, por serem artesãos e ferreiros.

Os **martelos de guerra** (*war hammers*) foram usados na Renascença contra as armaduras de placas mais resistentes. Parecem-se com uma versão mais longa da ferramenta de carpintaria, mas desprovidos da orelha e unhas para arrancar pregos. Têm uma ponta perfurante do lado oposto da cabeça e outra na extremidade superior, às vezes também dos lados e no chato da cabeça. Podiam incapacitar um cavaleiro de armadura ao percutir partes sensíveis do corpo ou danificar juntas e articulações, e as pontas podiam ser usadas contra brechas na armadura. A versão para ser usada com uma só mão tem um comprimento de 60 a 80 centímetros e pesa pouco mais de um quilo. A versão para duas mãos tem 1,1 metro e pesa até 3,2 quilos.

O **bico de falcão** (*horseman's pick* em inglês, *bec de faucon* em francês, *nadziak* em polonês) é uma variante especializada em perfurar elmos e armaduras de placas. O cabo é de ferro e do lado oposto da cabeça há uma ponta curva de picareta de 10 a 15 centímetros em vez de uma ponta simples de 5 a 8 centímetros. Usada nos Bálcãs pelos turcos a partir do século XIV, foi adotada do século XVI ao XVIII pelos cavaleiros da Polônia-Lituânia.

Os **malhos** ou marretas (*mauls*) são grandes martelos sem orelha ou unha para serem usados com as duas mãos. Normalmente presentes nos exércitos antigos para fins utilitários (como cravar estacas), podiam ser improvisados como armas. Pesavam em torno de 5 quilos.

O malho japonês, chamado **otsuchi**, era usado principalmente para derrubar portas e portões de castelos. Tinha um cabo de carvalho de 90 centímetros e uma volumosa cabeça de madeira dura cintada com aço de 3,5 a 4,5 quilos.

Machados e achas

Machados de pedra com cabos foram inventado em 6000 a.C. e usados para cortar madeira ou trinchar a caça por muitos povos que não chegaram a fazer uso de metais, inclusive os índios brasileiros. Mas os machados de bronze sumérios e egípcios foram os primeiros feitos especificamente para a guerra.

Um machado era a arma mais importante de Gilgamesh, o herói do mais antigo épico da literatura e seu próprio nome pode ser interpretado como "machado de Mesh". No início de sua história, ele sonha que faz amor com um machado, prenúncio de seu encontro com seu futuro parceiro Enkidu, que ele "amaria como uma esposa" e teria "como um machado a seu lado". Mais tarde, encomenda machados de bronze para ambos, cada um pesando, segundo uma versão assíria, três talentos (90 quilos), além de lanças de igual peso, e com esses machados eles derrubam uma floresta de cedros e matam o monstro Humbaba. É interessante notar que num outro poema sumério, o Épico de Lugalbanda, o machado e a adaga do herói são descritos como feitas de "metal celeste" e ferro – ou seja, do raríssimo ferro meteorítico, mais valioso que ouro nessa época em que não se sabia produzir ferro a partir de minério.

O **machado épsilon** (*epsilon axe, cutting axe*) é uma arma tipicamente egípcia, assim chamada por arqueólogos porque a lâmina cortante tem a forma dessa letra grega: um segmento de círculo com gume curvo voltado para fora e dois orifícios junto ao cabo, com 15 a 45 centímetros de diâmetro. Com peso de cerca de um quilo, tinha haste de 60 a 90 centímetros e era usada em golpes laterais.

Foi depois abandonado pelos **machados perfurantes** (*piercing axes*) originários da Mesopotâmia, mas enquanto os asiáticos fundiam as lâminas com um orifício no qual era introduzido o cabo, os egípcios as faziam com um pino para ser encaixado no cabo. Estes machados tinham cabo de cerca de 70 a 80 centímetros e pesavam um quilo. A lâmina era estreita e comprida (40 centímetros de comprimento, 12 a 20 de largura), para perfurar elmos e armaduras em golpes de cima para baixo. Mais tarde, os chineses usaram machados de bronze semelhantes.

O **sagaris**, um machado leve de ferro, com cerca de um metro, era usado pelos citas e, segundo o mito grego, também pelas amazonas.

Vale notar que o *labrys* ou **machado bipene** (de duas lâminas) de bronze, símbolo da Creta minoica, provavelmente não era arma e sim instrumento de sacrifício, pois é associado a sacerdotistas e a contextos religiosos. O mesmo se pode dizer do *tumi*, um dos símbolos das culturas andinas, que é uma faca ou machadinha com lâmina em forma de meia-lua. Os incas usavam, porém, um tipo de acha de guerra, chamada **cuncha chucuna** ("quebra-pescoço"), que tinha uma lâmina de bronze natural e uma ponta de lança na parte superior, fazendo-o parecer uma alabarda curta, com cerca de um metro.

Os mais famosos usuários de **machados de guerra** ou **achas** (*battle axes*) foram, porém, os vikings e seus descendentes, escandinavos, normandos e britânicos. O **machado danês** ou **acha danesa** (*dane axe, sparth* ou *sparr*), usado por guerreiros a pé, tinha 90 centímetros a 1,2 metro, enquanto o machado ou acha de cavaleiro (*horseman axe*), para ser usado com uma só mão tinha 60 a 70 centímetros. Ambos pesavam de um quilo a dois quilos.

Uma variedade comum desde o século VI é conhecida como **acha de barba** (*bearded axe*), por ter uma lâmina de base estreita e extremidade larga, com uma ponta para baixo que lembra uma barba de perfil, para obter um gume longo sem aumentar muito o peso, além de servir como gancho para arrancar o escudo ou outra arma do adversário. Tem 75 a 85 centímetros e pesa cerca de dois quilos.

Essas armas foram muito usadas pelos bárbaros da Alta Idade Média (453 a 1000), mas entraram em decadência na Baixa Idade Média (1000 a 1300), quando os cavaleiros mais hábeis e treinados deram preferência à leveza e agilidade das espadas. Na Renascença (1300 a 1600), voltariam na forma de armas de haste, com cabo mais longo, para serem usadas contra armaduras de placas e cortar pernas de cavalos.

O *doloire* ou **machado de carroceiro** (*wagoner's axe*) era usado pelos carroceiros que acompanhavam as tropas, tanto para fins utilitários quanto para autodefesa. Tem uma lâmina pontuda acima e larga abaixo, com forma de triângulo ou de lágrima, de 44 centímetros, ligada por um soquete a um cabo de 1,5 metro. Às vezes tem um esporão traseiro.

O **machado de pastor** (*shepherd's axe*, em húngaro *fokos*, em polonês *ciupaga*, em tcheco *valaška*) é um machado leve no cabo de um cajado, usado pelos pastores dos Cárpatos para fins utilitários e de defesa. Tem cerca de um metro de comprimento e uma cabeça de metal que tem uma pequena lâmina de machado de um lado e uma cabeça de martelo do outro.

O *ono* é a acha de guerra japonesa. Tem 1,8 metro de comprimento e uma cabeça grande de lâmina convexa, com uma ponta ornamentada traseira.

A **acha de guerra** chinesa tradicional (*fu*) tinha 80 centímetros a um metro de comprimento e pesava 1,5 a 2 quilos. O machadão (*da fu*), que teria sido usado pela dinastia Song contra a cavalaria pesada, tinha 3 metros de comprimento e pesava 5 quilos.

O *toki kakauroa* dos maoris da Nova Zelândia é um machado de guerra com cabeça de ferro e cerca de um metro de comprimento. Embora frequentemente talhado com arte nativa, é uma arma inspirada pelos machados trazidos pelos colonizadores britânicos.

O *tabarzin* é a acha de guerra persa. Tem uma ou duas lâminas em forma de crescente, com o gume convexo voltado para fora e uma haste fina e metálica. Há uma versão curta, com cerca de 90 centímetros e uma longa, com 1,5 a 2,1 metros.

Gandasa é um nome dado na Índia e Paquistão a vários instrumentos agrícolas de corte, tais como facões, machetes, podões e foices. Um tipo que se parece com um machado de folha leve foi celebrizado pelo filme paquistanês *Maula Jatt*, no qual é usado pelo herói desse nome.

Tridentes curtos

O tridente, variedade da lança usada originalmente na caça e pesca ou derivado do forcado agrícola, é a arma simbólica de Poseidon na mitologia grega e do deus Shiva e da deusa Durga na mitologia indiana (na qual é chamado *trishula*).

Em Roma, o tridente foi usado em combates de gladiadores por combatentes chamados reciários, que empunhavam um tridente (*fuscina* ou *tridens*) junto com uma tarrafa ou rede (*rete*), procurando "pescar" o adversário que era geralmente um *secutor*, ou seja, um gladiador armados com gládio ou punhal e um elmo especial, estilizado como um peixe, com topo redondo para não ser preso na rede e duas pequenas aberturas para os olhos, para proteger o rosto do tridente.

Idêntico e provavelmente derivado do indonésio *chabang* or **tjabang** (**tekpin** na Malásia) usado na arte marcial *pentjak silat* e por sua vez derivado da versão curta do *trishula* indiano, o **sai** japonês é uma arma especialmente útil para aparar, embora também possa ser usado para apunhalar e golpear. Foi usado originalmente pela polícia de Okinawa. Nas artes marciais, não tem ponta aguçada e é usado em pares, sendo eficiente para bloquear e capturar armas inimigas ou para golpear. Tem 35 a 50 centímetros e pesa de 800 gramas a 1,2 quilo.

Foicinhas

O **kama** ou **kai** é uma foice agrícola (40 centímetros, com lâmina de 15 a 30 centímetros), que também foi usada como arma no Japão, às vezes aos pares e ainda é comum em demonstrações de artes marciais.

O **ji zhua lian** ("foice pé de galinha") é uma arma chinesa semelhante à *kama*, mas com um esporão traseiro atrás da lâmina principal e uma ponta de lança superior. Tem cerca de 46 centímetros.

A **arit** é uma foicinha com forma de crescente e cabo curto, usada na arte marcial indonésia do pentjak silat. Pesa 250 gramas e tem 44 centímetros de comprimento.

A **celurit** ou **sabit** é uma foicinha indonésia maior que a arit, com peso de 580 gramas e 50 centímetros de comprimento, típica da ilha de Madura.

A **calok** é outra foicinha indonésia, com a curva menos acentuada que a *celurit*. Pesa 560 gramas e tem 56 centímetros de comprimento.

A **kujang, kujungi** ou **kudi** é uma foicinha modificada, originária de Java Ocidental e usada apenas como arma, notadamente na arte marcial *pentjak silat*. Derivada de implementos agrícolas usados do século IV ao VII, surgiu como arma no século IX. No século XII, a lâmina curva tinha a forma da ilha de Java, representando o ideal de unificação da ilha, na época dividida, com três furinhos que representam a Trimurti, a trindade hindu formada por Brama, Vishnu e Shiva e os três reinos principais de Java. Com a islamização (1480-1546), a lâmina foi um pouco modificada para lembrar a letra árabe *shin*, primeira da palavra *shahada*, "testemunho" ou profissão de fé muçulmana, com cinco furinhos que representam os cinco pilares do Islã. O cabo e a bainha são geralmente torneados com a forma de tigres. O comprimento é de 29 a 32 centímetros (lâmina de 19) e o peso de 320 a 400 gramas.

Lanças curtas

Embora as lanças sejam geralmente usadas como armas de haste ou de arremesso, algumas lanças muito curtas foram concebidas para serem usadas em combate corpo-a-corpo, como uma adaga ou espada curta.

A *iklwa* (o nome vem do som que faz ao ser arrancada do corpo da vítima) é uma arma peculiar derivada da azagaia, criada pelo rei zulu Shaka por volta de 1800. Como o gládio romano, essa lança curta (60 centímetros de haste e 30 de ponta de aço) era usada para estocar em combate corpo-a-corpo depois de arremessadas as azagaias.

A *makura yari* ("lança de travesseiro"), era uma lança curta usada no Japão, de 60 a 90 centímetros, escondida no travesseiro como defesa contra assassinos.

A *kunai* não é propriamente uma lança, mas uma ferramenta comum que eventualmente foi improvisada como arma. É uma peça de ferro fundido de 20 a 60 centímetros, com uma espátula em forma de folha pontuda, sem gumes, com empunhadura e um pomo em anel. Normalmente, servia tanto como trolha de pedreiro para trabalhos em alvenaria quanto para cavar e arrancar raízes e ervas em trabalhos de horta e jardinagem. Ninjas as improvisavam em punhal ou ponta de lança ou a usavam como âncora ou pitom de alpinismo, amarrando uma corda em seu anel. Uma *kunai* de 40 centímetros pesa pelo menos 200 gramas. Vendedores de armas para aprendizes de artes marciais hoje oferecem supostas *kunai* que têm pouca semelhança com as peças reais e são, na realidade, facas arremessáveis ou lanças curtas com ponta em losango.

O *madu* ou "escudo de faquir" é uma arma indiana de difícil classificação: um guarda-mão ou pequeno escudo circular (20 centímetros de diâmetro) de aço ou couro, com dois chifres de antílope com pontas cobertas de aço presos por trás, um apontando para cada lado, com extensão de 60 centímetros de ponta a ponta dos chifres. Pode ser usado tanto para aparar quanto para atacar. Foi usado pelo povo tribal *bhil*, da Índia Central, por espadachins e por faquires, religiosos mendicantes que não podiam usar outra arma.

FACAS, ADAGAS E PUNHAIS

Muitos tipos de facas foram e ainda são usados como arma de defesa pessoal ou combate militar, neste último caso geralmente como arma de último recurso. Faca é o termo mais genérico, mas especialmente adequado para lâminas de um só gume. Adagas são facas grandes de dois gumes, bem equilibradas e geralmente arremessáveis. Punhais e estiletes têm lâminas mais estreitas. Facão ou machete é uma faca grande, geralmente usada como ferramenta (cortar mato, abrir picadas, desmembrar animais abatidos).

Punhais e estiletes (facas de estocada)

O **punhal** (inglês *dagger*, francês *poignard*) é uma faca leve, de lâmina estreita e ponta aguçada, usada fundamentalmente para apunhalar. Na Idade Média e Renascença, era usada por nobres e cavaleiros como arma secundária e por burgueses como arma de defesa pessoal. As armas medievais tinham guarda em cruz e pomo esférico, mas o **punhal de rodelas** (*rondel dagger*) é a forma típica do século XV, caracterizada por guarda e pomo em forma de rodelas. Tem comprimento total de 30 a 50 centímetros, lâmina triangular e 300 a 500 gramas. A partir do século XIX, punhais voltaram a ser usados como faca de combate militar.

O **estilete** (*stiletto*) é um punhal de lâmina estreita, com ou sem gume, usado apenas para apunhalar. Capazes de penetrar cotas de malha, juntas de armaduras de placas e viseiras dos elmos, eram frequentemente usados por cavaleiros medievais para executar adversários caídos e mortalmente feridos, daí serem também chamados "misericórdias". Como arma favorita dos assassinos da Idade Média e Renascença ao século XIX, ganhou a reputação de arma criminosa e traiçoeira e foi frequentemente proibida. Embora fácil de esconder, provoca ferimentos menores que outros tipos de facas e para ser mortal, depende da habilidade do usuário para atingir um órgão vital com um só golpe – a menos que, como foi comum, a lâmina fosse envenenada (tendo para esse fim um sulco para reter o veneno). Geralmente tem 30 a 40 centímetros e 200 a 300 gramas.

O ***emeici*** ou "adaga emei" (de um mosteiro Shaolin que ficava situado no monte Emei, conhecido por usá-las) é um estilete de duas pontas, segurado pelo meio, que é usado aos pares em artes marciais chinesas. Cada um tem cerca de 25 centímetros e 90 gramas.

Adagas
(facas de dois gumes)

Uma **adaga** é em português uma faca de dois gumes larga, robusta e bem equilibrada, que pode ser usada para cortar ou para aparar arma do adversário e geralmente tem o peso distribuído de forma a ser arremessável. O equivalente inglês *dagger* e o francês *dague* são mais abrangentes, incluindo também o que se chamaria em português de "punhal". Grandes demais para serem fáceis de esconder, carregadas em bainhas penduradas na cintura e usadas em duelos e lutas abertas, não têm a conotação "traiçoeira" dos estiletes e punhais.

O ***pugio*** era a adaga de lâmina larga usada como arma secundária pelos legionários romanos, de origem celtibera. A lâmina, triangular ou em forma de folha, tinha 15 a 28 centímetros de comprimento e 5 de largura, juntando-se a uma empunhadura de 10 a 13 centímetros. Pesava de 450 a 700 gramas.

A **adaga colhona** (*bollock dagger*) foi um tipo de adaga popular na Escandinávia, Flandres e Grã-Bretanha do século XIII ao XVIII, cuja empunhadura, geralmente feita de buxo, era propositalmente feita em forma de falo ereto, com testículos. Na era vitoriana, os colecionadores a chamavam, pudicamente, de *kidney dagger* ("adaga de rins"). Tinha 35 a 45 centímetros (lâmina de 20 a 30) e 200 a 400 gramas.

Derivada da adaga de bagos, a ***dirk*** foi um tipo de adaga grande usado principalmente por marinheiros e piratas, mas também pelos escoceses das terras altas (*highlanders*), com empunhadura de 10 centímetros, lâmina de 30 a 40 centímetros e 400 a 600 gramas.

Adagas de aparar (*parrying dagger* ou *main-gauche*) eram robustas e tinham o mesmo estilo de guarda em cesto ou conchas das rapieiras com as quais formavam conjunto e eram normalmente usadas em duelos e combates civis, para serem usadas principalmente na defesa com a esquerda, enquanto a espada atacava com a direita. Tinham cerca de 42 centímetros e pesavam 450 gramas. Uma variante chamada **quebra-espada** (*sword breaker*) tinha ranhuras perto da base com as quais se podia prender (e, teoricamente, quebrar) a espada do inimigo. A **adaga-tridente** (*trident dagger*) tinha uma lâmina tripla cujas laterais podiam ser abertas por uma mola como as pernas de um compasso, facilitando a defesa ou a captura da arma inimiga.

Na Renascença e início da Idade Moderna, além de serem usadas para defesa pessoal, as adagas se tornaram comuns como arma de reserva de mercenários cuja arma principal era uma lança, pique ou algum tipo de alabarda.

A **adaga baselarda** (*baselard*, em alemão *Basler*, "basileiense" ou *Schweizerdolch*, "adaga suíça") foi uma adaga grande usada do século XIII ao XV, como arma secundária por mercenários suíços cuja arma principal era o pique. Sua característica era ter pomo e guarda em forma de crescentes, dando à empunhadura a forma de um H. Uma das obras mais famosas do artista Hans Holbein, o Jovem, foi uma "Dança da Morte" na bainha de uma dessas adagas, que por isso é conhecida também como "adaga Holbein" (*Holbein-Dolch*). Foi também adotada pelos paramilitares nazistas da SA, de 1933 a 1935. Tinha comprimento de 35 a 45 centímetros, lâmina de 22 a 30 e pesava 275 a 550 gramas. Vale notar que nos séculos XVI e XVII, os franceses passaram a chamar de "baselarda" facas curvas de um só gume.

A ***khanjali*** (em russo, *kindjal*, em circassiano *adigha gkama*) é uma adaga típica da Geórgia e do Cáucaso, onde foi usada como arma secundária, que também foi adotada pelos cossacos do Don. Tem empunhadura decorada em forma de H e comprimento total de 40 a 45 centímetros, com lâmina de 27 centímetros e peso de 250 gramas.

A ***Arkansas toothpick*** ("palito de dentes do Arkansas") é um tipo de adaga de lâmina larga e triangular que foi popular em duelos no sul dos EUA do século XIX e entre marinheiros, com 30 a 50 centímetros e 450 a 700 gramas.

O **corvo** é uma tradicional faca curva chilena de dois gumes e ponta aguçada, ainda hoje usada pelos comandos do exército desse país. O corvo curvo tem curvatura mais acentuada, dobrando-se em

90 graus no terço dianteiro da lâmina, enquanto o corvo atacamenho tem curvatura mais suave. A lâmina tem cerca de 30 centímetros.

A ***billao*** ou ***belawa*** é uma adaga característica da Somália, com empunhadura de osso e pomo de três pontas. Foi usada pelos dervixes, força muçulmana que resistiu à colonização britânica e italiana no fim do século XIX e início do XX e lutavam em transe com essa arma. Tem pelo menos 27 centímetros de lâmina e 44 de comprimento total, com peso de 250 gramas.

A ***jambiya*** (no Iêmen) ou ***khanjar*** (no Omã, Egito e Irã) é uma faca curva árabe de dois gumes (o côncavo é o principal) e ponta aguçada, que tradicionalmente era usada por todos os homens a partir dos 14 anos e hoje é mais característica. Tem 40 a 50 centímetros de comprimento e pesa 200 a 500 gramas.

A ***bichawa, bichwa*** ou ***bich'hwa*** ("escorpião") é uma adaga indiana de forma também ondulada de chifre de búfalo, com cerca de 30 centímetros, às vezes de lâmina bifurcada. A ***bichawa bagh nakh*** é uma combinação dessa arma com as "garras" do *bagh nakh* ("garra de tigre"), seja acrescentando as garras à empunhadura da bichawa, seja somando a lâmina da *bichawa* ao *bagh nakh*. Esta última arma foi usada por Shivaji, o primeiro imperador Maratha, para atacar e matar o general afegão Afzal Khan em 1659.

A ***phurba*** ou ***kila*** é uma adaga ritual tibetana, usada em exorcismos, com lâmina de três faces e um pomo com o rosto também tríplice de uma divindade.

A **cris**, como a chamavam os exploradores portugueses (*kris* em inglês e tai, *ngiris* em javanês, *keris* em malaio) é a adaga característica do Sudeste Asiático e Arquipélago Malaio. Originada em Java por volta do século IX, espalhou-se pela Indonésia, Malásia e Filipinas e depois para a Tailândia. A lâmina, de dois gumes (mas usada só para apunhalar) e frequentemente decorada, pode ser reta ou ter três ou mais *luks* ou ondulações (sempre um número ímpar, às vezes chegando a 13), que tendem a aumentar a gravidade dos ferimentos. Às vezes, eram também envenenadas. Budistas e hinduístas dão ao punho a forma de uma estatueta enquanto os muçulmanos usam punhos simples ou com decoração abstrata. Em tempo de paz, os homens costumavam usar uma cris. Na guerra, usava-se até três – à esquerda, à direita e atrás – e se combatia com duas. Versões longas e retas eram usadas em execuções, com um golpe certeiro no coração. Têm 35 a 50 centímetros de comprimento total e pesam 350 a 500 gramas.

Acredita-se que o espírito da cris precisa ser regularmente rejuvenescido. Toda quinta-feira, o dono lhe faz oferendas e a banha em fumaça de incenso. Uma vez por ano (para os muçulmanos, no Muharram), a lâmina é lavada ritualmente em *warangan* (uma solução de suco de lima e arsênico) e em seguida limpa e oleada. Não resta arsênico suficiente na lâmina para envenenar uma vítima: o ritual apenas cria padrões ondulados na superfície da lâmina que supostamente revelavam seu caráter mágico. O aspecto envelhecido era apreciado, mesmo que a corrosão chegasse a criar pequenos furos na lâmina.

Atribuía-se poderes mágicos a muitas dessas armas. Feiticeiros podiam matar simplesmente apontando-a para a vítima – magia muito temida, chamada *tuju*. Também podiam, nas lendas, transferir um fogo de um lugar para outro, ou chocalhar para advertir o dono de um perigo ou ameaça iminente. Olhar pelos furinhos criados pela corrosão na lâmina de uma cris mágica podia desvendar o futuro ou revelar disfarces mágicos.

A mais famosa das cris foi a *Taming Sari*, que pertenceu a Hang Tuah, herói que serviu ao sultão Mahmud Shah (1488-1511) e dele recebeu a arma como prêmio por ter derrotado o guerreiro Taming Sari, tido como invencível. Segundo a lenda, fora forjada com 21 diferentes metais, sobra dos parafusos usados na construção da Caaba e saltava da bainha e voava sozinha para atacar quem ameaçasse seu dono. Uma cris que seria a Taming Sari é hoje parte do tesouro real do sultão de Perak, na Malásia.

A **rencong** é uma variedade da cris usada na região de Aceh, na ilha de Sumatra, Indonésia. Com lâmina de 10 a 50 centímetros, é caracterizada por uma empunhadura que lembra a coronha de uma pistola.

A **kalis** é uma variedade da cris usada nas Filipinas desde o século XIII, maior e menos decorada e usada também para cortar, não só para apunhalar. Tem lâmina de 45 a 60 centímetros e pesa 450 a 600 gramas.

O **gunong** ou **punyal** é uma *kalis* pequena e simplificada, que se tornou mais comum a partir de 1915, quando os colonizadores estadunidenses proibiram os filipinos de usar a *kalis* tradicional. Tem lâmina reta ou ondulada de 15 centímetros, comprimento total de 24 e peso de 100 a 150 gramas.

Facas de combate (de um só gume)

Facas de combate (*combat knives*), frequentemente compradas ou improvisadas e usadas em caráter particular por soldados de todas as épocas como arma de reserva, passaram a ser parte do equipamento oficial a partir da I Guerra Mundial, quando as lutas corpo-a-corpo mostraram ser mais importantes que as linhas de combate tradicionais.

Chamadas inicialmente **facas de trincheira** (*trench knives*), a primeira a ser fornecida aos soldados foi a alemã *Nahkampfmesser* ("faca de combate corpo-a-corpo"), uma faca simples com um só gume (embora pareça ter dois gumes), com lâmina de 16 centímetros, comprimento de 28 centímetros e 140 gramas. Os franceses e ingleses se arranjavam com o *clous français* ("unha francesa", em inglês *french nail*), um punhal improvisado com um pedaço de arame farpado alemão de 30 a 40 centímetros, dobrado para formar uma empunhadura de uns 10 centímetros e martelado na ponta para formar uma lâmina de 8 a 18 centímetros.

Na I Guerra Mundial, os EUA preferiram uma faca de dois gumes com lâmina escurecida de 17 centímetros e uma pesada empunhadura de bronze em forma de soqueira com pontas (que além de ferirem, dificultavam ao adversário tentar tomá-la) e um punho pontudo, conhecida como "Mark I". Tinha 29 centímetros de comprimento total e 395 gramas. Na II Guerra Mundial, a falta de bronze e a mudança de métodos fizeram os EUA usarem a M3, com lâmina de 17 centímetros, comprimento total de 30 centímetros e empunhadura convencional de madeira, pesando 240 gramas, criticada por ser muito frágil e quebrar-se quando se tentava usá-la para abrir latas ou caixas de munições.

As facas de combate posteriores tendem a ser mais versáteis e ter lâmina bem mais larga e espessa, capaz de suportar também esses usos utilitários e punho que pode ser usado como martelo. Os EUA usam hoje a faca Mark 2 (conhecida como KA-BAR, o nome do fabricante), que tem lâmina de 18 centímetros, comprimento total de 30 e pesa 560 gramas. O Brasil usa a Imbel AMZ (de "Amazônia"), com lâmina de 24,7 centímetros, comprimento total de 36,5 e peso de 520 gramas.

A **faca Bowie** deve seu nome a James "Jim" Bowie (1796-1836), um soldado e aventureiro. Seu irmão as encomendava com base em facas de caça espanholas e ele a popularizou ao vencer um duelo em 1827. A faca que usava era de dorso reto, com lâmina de 24 centímetros, comprimento de 38 e peso de 530 gramas, mas hoje são chamadas de Bowie facas de combate grandes com guarda, de dorso côncavo na ponta (o que inclui a KA-BAR e a AMZ). O comprimento da lâmina pode variar de 15 a 60 centímetros e o da arma de 30 a 75 centímetros, pesando de 300 gramas a um quilo.

O **canivete** (*switchblade*) é uma faca de lâmina dobrável ou retrátil. Há desde minifacas utilitárias de bolso até armas relativamente grandes. As primeiras facas dobráveis foram usadas por celtas e celtiberos na Antiguidade, a partir de 600 a.C., e continuaram em uso entre camponeses romanos e medievais. Foram produzidas comercialmente a partir de 1650 e tornaram-se populares nos EUA a partir da Guerra Civil, quando foi introduzido o canivete automático ou canivete de mola. A partir de fins do século XIX, difundiu-se por todo o mundo: a versão japonesa, o *higonokami*, foi produzida a partir de 1890. Em geral são dobráveis, mas há também modelos retráteis. A lâmina pode ser fixada por trava automática ou pela simples pressão dos dedos do usuário. Na maioria dos casos são utilitários, mas há modelos suficientemente grandes para serem usados em combate, com lâminas de vinte a trinta centímetros, e são populares entre criminosos. Canivetes-punhais (*stiletto switchblades*) de origem italiana têm lâmina retrátil e pontuda de 5 a 46 centímetros para estocar (às vezes sem gume). Facas bowie dobráveis podem ter lâminas de até 30 centímetros.

O canivete multiferramenta ou **canivete suíço** foi criado em 1891 como faca utilitária para o Exército Suíço e na sua versão militar moderna tem 11,1 centímetros dobrado e 19,7 aberto, com peso de 131 gramas. Outros modelos têm 5,8 a 12 centímetros quando dobrados.

A **navalha** (*straigth razor*) é uma lâmina de 12 a 18 centímetros de comprimento (7 a 12 com gume) e um a dois de largura, que se dobra dentro de um cabo dois centímetros maior, formando uma faca de 20 a 30 centímetros. Inventadas na Inglaterra em 1680 para barbear, continuam a ser usadas até hoje, embora as lâminas descartáveis tenham começado a substituí-las desde o início do século XX. Sendo fácil de esconder e extremamente afiada, capaz de cortar uma garganta com facilidade, foi frequentemente usada por assassinos, malandros e criminosos, mesmo sendo a lâmina muito mais frágil que a de uma faca convencional. O peso vai de 75 a 150 gramas.

A ***balisong*** ou **faca-borboleta** (*butterfly knife*) é uma faca dobrável característica das Filipinas. A lâmina tem um cabo duplo que pode ser fechado, guardando a lâmina dentro das "asas" que, quando desdobradas, viradas para trás e travadas, formam uma empunhadura longa. O modelo feminino, "24", tem lâmina de 11 centímetros, 13 centímetros quando dobrada e 24 centímetros de comprimento quando montada, com peso de 110 a 220 gramas. O modelo masculino, chamado "29", tem 29 centímetros de comprimento total. Há também modelos militares de 32 a 45 centímetros.

Tanto é a faca de combate característica do Japão, com empunhadura e lâmina curtas, mas semelhantes às da catana. Por lei, a lâmina não podia ser maior que um *shaku* (30,3 centímetros) – acima disso, seria classificada como *wakizashi*, de uso restrito. A empunhadura tem 15 centímetros e a lâmina varia de 15 a 30 centímetros, com dois a três centímetros de largura. O peso varia de 270 a 550 gramas. As maiores eram chamadas ***otanto*** ("faca grande"). Samurais que usavam um *tachi* normalmente carregavam também uma *tanto*, que mais raramente também substituía a *wakizashi* ao lado de uma catana.

Aikuchi é um estilo de montagem de *tanto* sem guarda, o que permite que a bainha e a empunhadura se encaixem numa só peça, tornando a arma mais discreta.

Kaiken era uma *tanto* pequena (lâmina de 8 a 15 centímetros), montada no estilo *aikuchi* portada para defesa pessoal pelas mulheres dos samurais, que as levavam dentro de seu obi (cinto) ou da manga do quimono. Se precisassem suicidar-se deveriam usá-la para cortar a garganta (enquanto os homens cortavam a barriga com a *wakizashi*). Mais tarde, tornou-se uma arma favorita da Yakuza, a máfia japonesa.

A ***yoroidoshi*** ("fura-armadura") é uma *tanto* reforçada e pontuda usada no período Sengoku (meados do século XV a início do XVII), usada para perfurar armaduras e em combate corpo-a-corpo. Era caracterizada pela lâmina espessa (até 13 milímetros na base) e tinha 23 a 28 centímetros de comprimento total, com lâmina de 14 a 19 centímetros e peso de 300 a 500 gramas.

Hachiwara é uma faca curva usada como arma secundária por samurais com lâmina estreita e um dente ou gancho voltado para a frente junto à empunhadura, que podia ser usado para aparar a espada do adversário, para enganchar as cordas de uma armadura japonesa ou separar suas placas como um abridor de latas. Tinha 30 a 45 centímetros.

Kubizashi é uma faca com lâmina de 12 a 15 centímetros de comprimento e 1,3 centímetro de largura, usada por samurais para carregar a cabeça de inimigos decapitados. A ***bashin*** ou ***umabari***, de tamanho semelhante, era usada para fazer sangrias em cavalos com pressão sanguínea excessiva. ***Kozuka*** ou ***kogatana*** é uma faquinha utilitária, com 9,5 centímetros de empunhadura e 10,5 de lâmina, que era guardada no bolso da bainha de uma faca ou espada e eventualmente podia ser arremessada. Em outro bolso ia a ***kogai***, com uma lâmina sem gume e terminada numa colherinha, usado como grampo de cabelo e para limpar os ouvidos.

A ***kukri*** (em nepalês *khukuri*) é uma faca curva de gume côncavo e ponta afiada, ainda hoje usada em combate pelos regimentos gurkhas dos exércitos nepalês, indiano, britânico e do Brunei. Esta tem comprimento total de 40 a 45 centímetros e pesa 450 a 900 gramas.

A ***kirpan*** ("mão da misericórdia") é uma faca curva de gume convexo que é símbolo da religião sikh, e deve ser permanentemente portada por todo sikh que passa pela cerimônia de iniciação do Amrit Sanskar (geralmente aos 12 ou 13 anos) como símbolo de sua incorporação ao exército da virtude. Na forma tradicional, tem 30 centímetros de comprimento, com lâmina de 15, mas é comum, principalmente no Ocidente, usar kirpans puramente simbólicas, de

15 a 17 centímetros com lâmina de 7,5 a 9. Mesmo assim, são frequentes os mal-entendidos com o porte de kirpans por sikhs ortodoxos, tomados por "armas ocultas" por ocidentais.

A ***pesh-kabz*** é uma faca de um só gume usada na Turquia, Armênia, Irã, Afeganistão e Índia, originária da Ásia Central, usada tanto para apunhalar quanto para cortar. Tem lâmina de 28 a 33 centímetros com dorso reforçado, para penetrar cotas de malha, que resulta numa seção em T e comprimento total de 40 a 46 centímetros, pesando cerca de 650 gramas. Uma versão um pouco mais longa, chamada ***karud*** e uma um pouco mais curta, a ***chura***, era usada pelo clã pashtu Mahsud, do passo do Khyber. Essas facas eram conhecidas pelos ingleses como *Afghan knives* ou *Khyber knives* e frequentemente usadas para liquidar prisioneiros britânicos e indianos caídos. Ainda hoje são usadas no Afeganistão.

O ***kerambit*** (na Malásia e Indonésia) ou ***karambit*** (nas Filipinas), originalmente uma ferramenta agrícola para arrancar raízes, é uma pequena lâmina curva de gume côncavo, com um anel no pomo para o polegar, cuja empunhadura é agarrada de maneira que a lâmina se projete pelo lado de fora da mão, como uma garra. A empunhadura tem 13 centímetros e a lâmina 7 a 15 centímetros, pesando 200 a 300 gramas.

A ***barong*** é uma faca pesada de um só gume com lâmina em forma de folha de 20 a 56 centímetros, usada por tribos islâmicas do sul das Filipinas.

Facões

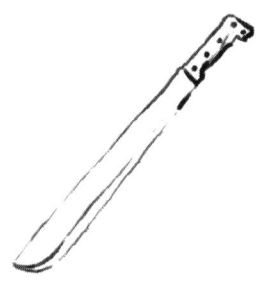

Facão ou **machete** (*matchet* ou *machete*) é uma grande faca utilitária (para cortar mato, abrir picadas, desmembrar animais abatidos), geralmente com lâmina de 30 a 60 centímetros, não muito espessa. Pode ser usada como arma, mas tende a ser desequilibrada, com lâmina tendendo a se alargar na ponta ou no meio, aumentando a força do impacto à custa da agilidade, e tem lâmina relativamente fina (até 3 milímetros), o que normalmente a coloca em desvantagem em relação a uma adaga grande ou espada curta do mesmo tamanho, embora possam pesar até dois quilos e ter mais de um metro de comprimento total.

Um **facão gaúcho** (*facón* ou *cuchillo gaucho* nos países hispânicos) tem lâmina de 35 a 40 centímetros, comprimento total de 50 a 57 centímetros e pesa 450 a 650 gramas.

A ***bolo*** é um machete curvo com 58 centímetros e 900 gramas, usado nas Filipinas. A ***pinuti*** é outro facão filipino, com lâmina reta e guarda em estribo, também com cerca de 58 centímetros (lâmina de 40 a 45 centímetros).

O ***aruval*** é um facão de lâmina curva usado no sul da Índia. Há dois tipos: o ***kathir aruval***, foicinha para cortar grama e colher cereais, de 40 centímetros e o ***veecharival***, facão de lâmina longa com gume quase reto, curvo na ponta e côncavo, usado para cortar cocos, abrir picadas e em defesa pessoal, de 70 centímetros a 1,2 metro. Há algumas peças com até 1,8 metro, que são reverenciadas como armas sagradas dos *kaval deivam*, deuses rurais de Tamil Nadu.

Na Indonésia, usa-se a ***parang*** tanto como arma de caça e combate quanto para abrir caminho na selva. Com gume curvo e lâmina que se alarga para a ponta rombuda, tem de 62 a 77 centímetros e pesa de 700 gramas a 1,2 quilo. A ***klewang*** é semelhante, mas tem gume reto.

A ***panga*** ou ***tapanga*** é usada na África Oriental e do Sul e teve papel em rebeliões e conflitos dessas regiões, inclusive no genocídio de Ruanda em 1994. O comprimento total é de 55 a 60 centímetros. A lâmina alarga-se no dorso e tem 41 a 46 centímetros, podendo ser afiada na parte superior inclinada. Pesa 550 a 600 gramas. Em Angola é chamada "catana" e figura na bandeira e na insígnia da República.

Cutelo (*cleaver*) é uma faca de lâmina larga, na cozinha para picar carnes e, por açougueiros, para cortar ossos. Foi usada pela infantaria carolíngia para liquidar inimigos caídos (com o nome francês de *coutel*), e também pelos almogávares, guerreiros de Aragão dos século XIII e XIV cuja arma era chamada (em catalão) *coltell*. Esses cutelos de guerra eram pontudos e tinham cerca de 45 centímetros de comprimento, com lâmina de 30 centímetros de comprimento e 10 de largura e peso de 350-400 gramas.

Facas de empunhadura perpendicular

A ***katara*** ou ***suwaiya*** é uma adaga característica da Índia, com lâmina triangular reta ou ondulada de dois gumes e uma empunhadura com a forma de um H horizontal. O usuário segura pela barra do H, de forma que a lâmina fica apoiada sobre seus dedos, como uma extensão do braço. É usada no *kalarippayat*, arte marcial do sul da Índia. A lâmina tem 22 a 40 centímetros de comprimento e 8 de largura e a empunhadura cerca de 15 centímetros. O peso varia de 600 gramas a um quilo.

A **adaga de impacto** (*push dagger* ou *gimlet knife*, em alemão *Stossdolch* ou *Faustmesser*) é uma arma ocidental derivada da *katara*, menor e mais simples, com lâmina curta e empunhadura em T que é segurada com o indicador e o dedo médio. Foi muito usada nos EUA, Alemanha e Inglaterra do século XIX como arma de defesa pessoal fácil de esconder num bolso ou numa bota antes que as pistolas compactas Derringer fossem populares, notadamente nos bairros de má fama de New Orleans e San Francisco. No século XX, foi usada também por soldados britânicos nas trincheiras da Primeira Guerra Mundial e por comandos da Segunda. A versão civil tinha frequentemente uma lâmina de 4 a 5 centímetros e comprimento total de 8 a 10 centímetros, pesando 20 a 30 gramas. A militar pesa 50 a 100 gramas e tem uma lâmina de adaga de 9 a 12 centímetros (ou uma ponta de lança de 13 centímetros) e comprimento total de 16 a 20, frequentemente com acabamento preto e fosco para evitar reflexos à noite.

A ***scissor*** ou "tesoura romana" é uma arma usada por gladiadores romanos especializados também chamados *scissoris*. É um tubo de metal, segurado por uma empunhadura perpendicular interna, que cobre o antebraço e a mão do gladiador, tampado na ponta, com uma haste curta da qual sai uma lâmina semicircular, como um leque.

A **nyepel** é uma arma peculiar do povo *boya* ou *larim* do Sudão do Sul. É uma pulseira de aço oval com duas pontas em forma de chifre, rodeada por um gume cortante protegido por uma bainha de couro, presa por grampos às pontas. Em combate, tira-se a bainha, expondo o gume e as pontas. Tem 14 centímetros de comprimento e 9 de largura e pesa 70 gramas.

ESPADAS

As espadas foram armas muito valorizadas, mas sua importância na história militar não é tão grande quanto na ficção. As armas decisivas das batalhas anteriores à era da pólvora foram, mais frequentemente, as lanças, azagaias, flechas e armas de haste, que eram de maior alcance e mais eficazes quando usadas de forma coordenada por grandes contingentes. Nos exércitos feudais japoneses, espadachins recebiam a metade do soldo pago aos lanceiros.

Em muitos casos, as espadas tiveram um papel apenas defensivo, como arma de reserva com que os guerreiros se defendiam caso suas armas principais se esgotassem ou fossem perdidas, suas formações de combate se desorganizassem ou o inimigo chegasse inesperadamente perto – inclusive, por exemplo, no caso de mosqueteiros e artilheiros da Idade Moderna. Mesmo quando tinham um papel mais ofensivo, como nas legiões romanas, costumavam entrar em cena depois que as lanças e azagaias tinham feito sua parte e dizimado parte do inimigo, ou eram usadas para perseguir e liquidar oponentes já desorganizados e em fuga.

Por que, então, o papel tão central das espadas na lenda e nos romances? Porque estas são centradas em personagens e a espada é a arma do combate singular por excelência. Uma falange armada de lanças é uma máquina de guerra impressionante, mas não tem lugar para a individualidade: os soldados devem agir em perfeita harmonia, como se fossem um só. Uma tropa de arqueiros é devastadora em batalha, mas nas condições reais da guerra as flechas são disparadas para o alto para chover indiscriminadamente sobre o inimigo. Na luta com espadas, porém, o guerreiro se destaca individualmente e pode exibir sua destreza de uma forma que no cinema se torna especialmente atraente.

Além disso, ao contrário das lanças, machados e armas de haste, espadas de tamanho normal são suficientemente leves e curtas para serem carregadas na cintura sem incômodo, estando sempre à mão no caso de sofrer um ataque inesperado ou de precisar se defender por si quando suas forças sofrem um revés ou se desorganizam. Um cavaleiro medieval fazia seu escudeiro carregar escudo e lança, mas tinha a espada sempre à mão. Nesse sentido, espadas são "a alma do guerreiro", a arma da qual dependia não tanto a vitória de seu exército, quanto sua própria vida e honra pessoais e que frequentemente representava o orgulho de uma linhagem, sendo passada de pai para filho com um nome próprio.

Também é uma das armas brancas mais práticas e eficazes em pequenas escaramuças, duelos e defesa pessoal: a catana japonesa e a rapieira dos mosqueteiros não fizeram sua fama na guerra, mas em combates e duelos individuais. E têm conotação de nobreza: em muitas sociedades, usar espadas (ou pelo menos espadas de um determinado tipo) foi um privilégio restrito a essa classe social.

Vale notar que, no combate real (ao contrário do que geralmente se faz no teatro e nos filmes) é só por inabilidade ou acidente que espadas se chocam pelo gume. Isso facilmente as quebra ou, no mínimo, estraga seu fio de maneira irreversível. Bons esgrimistas evitam aparar: preferem esquivar-se ou, de preferência, desviar o ataque com um contragolpe. Quando é preciso aparar, procura-se fazer isso afastando ou defletindo a arma do adversário sem choques bruscos. E se é inevitável bloquear com uma espada de dois gumes, isso é feito com o chato da lâmina que, se for de boa qualidade, tem flexibilidade suficiente para absorver um golpe. No caso das espadas de um só gume (sabres, cimitarras, catanas), pode-se também usar o dorso ou contrafio, ou seja, a borda oposta ao gume, mais grossa e resistente.

Embora seja uma arma associada a muitos heróis lendários, sua associação a divindades é menos notável. Entre os conhecidos por usar espadas encontram-se o nórdicos Freyr, que presenteou a sua Laevateinn ao sogro em troca da mão de Gerdr, e Heimdall, que portava uma espada chamada Hofud. Os orixás guerreiros do candomblé usam espadas, incluindo Ogum e Oxaguiã entre os masculinos e Iansã e Obá entre os femininos (assim como as "qualidades guerreiras" de orixás normalmente associados a outros conceitos, como Oxum). Na mitologia japonesa, as espadas mais famosas estão associadas a Susanoo, o deus das tempestades.

Espadas de um só gume

Nessas espadas, o lado oposto ao gume ou fio é chamado dorso ou contrafio. Embora algumas delas tenham ponta afiada e possam ser usadas para estocar, são concebidas principalmente para talhar ou acutilar. Algumas são retas, mas é mais comum que sejam curvas. Nesse caso, é mais comum que o gume fique do lado convexo, mas em alguns casos é no côncavo.

Espadas de um só gume são mais baratas, resistentes e fáceis de usar que espadas de dois gumes de comprimento, peso e aço equivalentes. Muitas delas são relativamente toscas e baratas, usadas para golpear sem muita precisão ou habilidade, por cavaleiros a galope (que aproveitam a velocidade do cavalo para tornar o golpe mais potente) ou por tropas a pé pouco especializadas. Nesse caso, tendem a ser menos equilibradas que outras espadas. Como dependem mais de força do que de movimentação ágil e delicada, lhes convém um centro de gravidade mais próximo do ponto de impacto, quase como num facão ou machete. Costumam ser relativamente pesadas e resistentes, mas pouco afiadas, ferindo quase como um machado, talhando e contundindo ao mesmo tempo, como é o caso dos sabres e alfanjes.

Outros tipos de espadas de um gume tiram partido da maior resistência que pode ser conseguida com uma lâmina leve e são, pelo contrário, muito refinados e destinados a guerreiros bem treinados. São espadas leves, muito bem equilibradas e muito afiadas, para serem manejadas com a rapidez de um relâmpago e cortar profundamente com pouco esforço. São o caso das cimitarras árabes e das catanas japonesas, por exemplo.

Há muita polêmica sobre as razões exatas pelas quais certas espadas são curvas, mas os seguintes pontos parecem importantes, no que se refere a espadas de melhor qualidade: 1) uma espada curva é mais eficiente para ferir com o gume e para cortar com um movimento de golpear e puxar; 2) a técnica de forjar espadas com tipos diferentes de aço, flexível na lâmina e duro no gume e ponta, tende a produzir lâminas curvas (a catana, por exemplo, é feita com uma lâmina reta que se torna curva durante a têmpera), 3) é mais rápido sacar de uma bainha ou *saya* (bainha japonesa de madeira) uma lâmina com a forma de um arco de círculo do que uma lâmina reta. Nas espadas mais baratas, talvez o mais importante seja tornar mais intuitiva a maneira de golpear para um guerreiro pouco treinado.

Espadas curvas de bronze

Este grupo inclui algumas das mais antigas espadas do mundo: a ***sappara*** da Mesopotâmia, usada por sumérios, babilônios, assírios e cananeus e a ***khopesh*** do Egito, usada a partir de Tutmósis III (1490 – 1436 a.C.). Ambas têm a forma de uma foice com o gume do lado convexo e eram feitas de bronze, tendo sido usadas até cerca de 1300 a.C. Com 50 a 75 centímetros de comprimento, pesavam cerca de 1,8 quilo. Deve ter sido conhecida dos micênicos: uma ***harpe***, provavelmente similar, foi a arma usada por Cronos para castrar o pai Urano (dizia-se que a ilha de Córcira ou Corfu, que tem a forma de uma *khopesh* ou harpe, era a arma de Crono depois de jogada ao mar) e por Perseu para cortar a cabeça da Medusa.

Espadas de gume côncavo

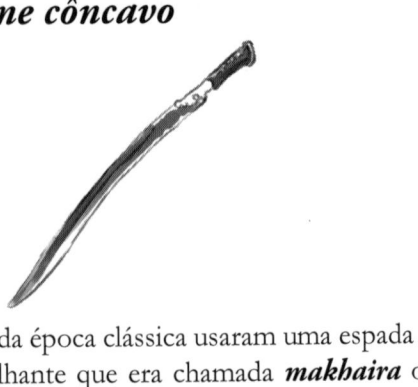

Os cavaleiros gregos da época clássica usaram uma espada de tamanho e formato semelhante que era chamada **makhaira** ou **kopis**. Este nome talvez seja derivado de *khopesh*, mas era feita de aço e tinha o gume do lado *côncavo*. Os modelos mais antigos foram encontrados entre os etruscos e tinham lâmina de 65 centímetros. O tipo usado pelos cavaleiros da Macedônia tinha lâmina de 48 centímetros e comprimento total de 61.

A **falcata**, usada pelos celtiberos, era praticamente idêntica à **kopis**, salvo pelo formato da empunhadura. O mesmo pode se dizer da espada nepalesa **kora**, cuja origem pode estar no contato entre gregos e indianos promovido pela invasão de Alexandre e é uma versão maior da faca *kukri*. Todas essas espadas pesam entre 1 e 1,5 quilo.

A **moplah** ou **ada katti** foi usada pelos muçulmanos da costa de Malabar, na Índia, do século XVII (pelo menos) ao século XX. É uma espada curva de dois gumes (dos quais o côncavo é o principal), com pomo em disco, comprimento de 60 centímetros e lâmina de 35. Foi notabilizada pelo levante do moplah contra os britânicos, em 1921-22.

A **sica** (nome de origem dácia), menor que a falcata, era usada nos Bálcãs pelos trácios, dácios e ilírios. Tinha uma lâmina de 30 a 45 centímetros e pesava cerca de 600 gramas. Em Roma, tornou-se uma das armas favoritas dos combates de gladiadores. O gladiador que a usava, junto com um escudo redondo, era chamado trácio (*thraex*), fosse ou não originário desse povo e geralmente posto para lutar contra um mirmilão (*murmillo*), um gladiador equipado como gládio e escudo retangular de legionário, como para representar o embate entre um estrangeiro e um romano. Com sua espada curva, tinha a possibilidade de tentar atingir o mirmilão por trás do escudo. Spartacus, líder da maior rebelião de escravos de Roma, era gladiador e "trácio". Outra classe de gladiadores, o *dimachaerus*, usava um par de sicas para enfrentar um mirmilão ou um hoplômaco (gladiador armado como grego, com armadura, lança e gládio). Por ser uma arma eficaz e fácil de esconder, a sica era também favorecida por bandidos e assassinos, por isso chamados pelos romanos de *sicários*.

A **iatagã** (*yataghan*), espada de infantaria usada pelos janízaros turcos do século XVI ao XIX, é caracterizada por um pomo em forma de dupla orelha e tem uma dupla curvatura, que permite usá-la para cortar e estocar. O gume é côncavo perto da empunhadura e convexo perto da ponta, que assim resulta alinhada com a empunhadura. Pesa cerca de 850 gramas, com lâmina de 60 centímetros e comprimento total de 75. No Império Otomano, iatagãs decoradas foram símbolo de status, como os espadins no Ocidente.

A **sosun patta** é a versão indiana da iatagã, um pouco maior, com 90 centímetros de comprimento e 1,2 quilo.

Alfanjes

O tipo mais antigo no Ocidente é o **sax** (*sax, seax, scramaseax* ou *scramasax* em inglês, *sax* em alemão) é um facão ou espada reta de um só gume, usada por vikings e germânicos de cerca de 450 d.C. a 800 d.C. Feita de aço de qualidade inferior e com empunhadura simples, é pouco mais que uma faca comprida. Uma **Kurzsax** (sax curta) tinha tipicamente 70 centímetros de comprimento e 850 gramas. Uma **Langsax** (sax longa), até 95 centímetros e 1,15 quilo. O nome dos *saxões* provavelmente vem do uso do sax, pelo qual eram conhecidos.

Apesar de o nome português ser de origem árabe, o **alfanje** (em inglês *falchion*, derivado do latim *falx*, "foice") é uma arma de origem europeia, usada desde o século XI. Um tipo usado até o século XIV, hoje classificado como **alfanje-cutelo** (*cleaver falchion*) é uma espada de lâmina pesada, de um só gume, geralmente mais larga na ponta do que na empunhadura. Isso concentra o peso na parte dianteira e a torna lenta e desajeitada como um grande facão ou machete, mas quase tão eficaz contra armaduras de cota de malha quanto um machado. O comprimento típico é de 75 a 85 centímetros e o peso de 1,5 a 1,8 quilo.

Outro tipo é o **alfanje de ponta** (*cusped falchion*), geralmente mais estreito e leve, com lâmina reta, gume ligeiramente curvo e ponta afiada, servindo também para estocar. Meio-termo entre o alfanje antigo e os sabres usados pela Europa Oriental, foi usado do século XIII ao XVI. Um dos poucos exemplares autênticos ainda existentes tem comprimento total de 95 centímetros e lâmina de 80 e pesa cerca de um quilo. O ponto de percussão é no meio da lâmina e o centro de gravidade a um terço do comprimento a contar do punho.

A **Kriegsmesser** (literalmente "faca de guerra") alemã avança um pouco mais na direção do sabre, com lâmina mais estreita e ligeiramente curva, combinada com a tradicional guarda em cruz. Tinha comprimento de 75 centímetros (lâmina de 60) e pesava cerca de um quilo. Foi usada do século XIV ao XVI e era parte obrigatória dos manuais de esgrima da época. A versão de duas mãos, **Grosses Messer**, tinha 1,07 a 1,2 metro (lâmina de 80 a 90) e 1,3 a 1,8 quilo.

O **Dussack** (alemão, derivado do tcheco *tesák*), facão de caça derivado do alfanje e usado por caçadores de javalis, ursos e lobos desde o século XII, foi adotado para treinamento militar do século XIII ao XVII e evoluiu a partir da Boêmia do século XV numa espada de guerra, caracterizada pela lâmina curva e guarda em cesto. Nesta última forma, foi usada (juntamente com outros modelos) pela infantaria alemã até a Guerra dos Trinta Anos (1618-1648). Com lâmina de 65 a 95 centímetros, pesava de 1 a 1,7 quilo.

O **sabre suíço** (em alemão *Schweizersäbel*) é uma espada curva com guarda em S de tipo renascentista, com 1,16 metro de comprimento (lâmina de 97 centímetros) e peso de 1,5 quilo. Em seu tempo (século XVI) era chamada *Schnepf* ou *Schnäpf*, "narceja", por lembrar o bico dessa ave.

O **chifarote** ou **terçado** (*fascine knife*, francês *braquemard*, italiano *storta*, alemão *Malchus*) é uma espada com guarda em estribo, com lâmina reta ou curva, larga e curta e aguçada na ponta, usada pela infantaria leve e pela artilharia a partir do século XV como arma de reserva e defesa e como facão utilitário. O nome "chifarote" é diminutivo de "chifra" ou "chanfra", um tipo de faca usado para raspar (chanfrar) o couro e "terçado" por ser um terço menor do que uma espada regular. O nome alemão é o do sacerdote judeu do qual, segundo o *Evangelho de João*, o apóstolo Pedro cortou uma orelha ao defender Jesus. O nome inglês *fascine knife* vem do uso para cortar feixes de ramos ou faxinas (*fascines*), usados nas campanhas militares para entulhar fossos, cobrir parapeitos de bateria e entulhar terrenos para construções. Às vezes tinham o dorso serrilhado, para uso também como serra. Tinham comprimento em torno de 75 centímetros, com lâmina de 50 e peso de 1,35 a 2,25 quilos.

A **espada de cavalaria** (em inglês *backsword* ou *mortuary sword*, em alemão *Pallasch*, em italiano *squadrona*, em polonês *palasz*), reta ou ligeiramente curva, geralmente com um só gume, às vezes com um segundo gume no quarto dianteiro do contrafio, foi a espada típica da cavalaria da Europa Ocidental do século XVI ao XVIII. Nesse período, as armas principais da cavalaria eram carabina, pistolas ou lança, mas uma espada era usada como arma de reserva, pendurada à cintura ou à sela. Tem cerca de um metro de comprimento e pesa 1,4 quilo. O inglês *backsword* refere-se ao dorso chato da espada de um só gume e não, como muitos pensam, a ser levada às costas (o que a faria difícil e perigosa de sacar). O nome *mortuary sword* refere-se às espadas dos monarquistas ingleses que, ao lutar contra Oliver Cromwell, homenageavam o executado rei Carlos I da Inglaterra tendo sua efígie no pomo na espada.

Entre os séculos XVII e XIX, uma espada semelhante foi adotada na Escócia, onde a chamaram **claymore** (do gaélico *claidheamh mòr*, "espada grande"). Esse nome foi depois aplicado retroativamente às espadas e espadões escoceses de épocas anteriores, de estilo muito diferente. Devido a crença posterior de que o nome *claymore* era mais aos espadões da Renascença, esta espada moderna foi chamada posteriormente de **claybeg** (do gaélico *claidheamh beag*, "espada pequena"). Segundo a tradição, foi introduzida no país pelo mercenário escocês George Sinclair (1580–1612), que a teria trazido do sul da Alemanha. Por isso, esse tipo de guarda é também conhecido em inglês como "guarda Sinclair". Tinha comprimento de 85 a 90 centímetros e pesava 1,1 a 1,4 quilo.

A **firangi** (*firanji*, de "francos" é o nome dado pelos árabes aos europeus) é a espada europeia reta de um ou dois gumes do século XVI copiada ou imitada pelos indianos a partir dessa época, com guarda em estribo, pomo em disco e lâmina de 89 a 97 centímetros.

A **kastane** é uma espada típica do Sri Lanka, mas seu estilo sugere inspiração em espadas portuguesas do século XVI. Com lâmina ligeiramente curva e guarda em estribo, tem cerca de 76 centímetros e 900 gramas. Pelo equilíbrio e beleza da decoração, é usada por bailarinas, que as equilibram na cabeça em demonstrações de dança do ventre.

A **kampilan** ou **talibong**, dos *moros* das Filipinas, é uma espada de 88 centímetros e 1,2 quilo, com gume reto e lâmina que se alarga para a ponta, afiada e às vezes bifurcada. Fernão de Magalhães, em sua pioneira volta ao mundo, foi morto em Mindanao por uma dessas espadas.

A **panabas**, usada pelos filipinos da ilha de Mindanao, é uma espada de lâmina curva, com uma empunhadura longa (31 a 43 centímetros), sem guarda. O comprimento total varia de 60 centímetros a 1,2 metro. Um exemplar de 86 centímetros tem lâmina de 40 a 50 e peso de cerca de 650 gramas.

A **pedang** é uma espada curta indonésia de ponta aguçada, com 58 centímetros e 600 gramas.

No cinema e nos quadrinhos, é frequente ver-se enormes espadas de um só gume, geralmente curvas, nas mãos de guardas de haréns e de árabes, africanos e bárbaros em geral (inclusive os orcs de Tolkien na versão de Peter Jackson) serem chamadas de "cimitarras". As verdadeiras cimitarras eram, porém, estreitas e leves, ágeis e elegantes. Essas espadas da ficção, que aparentam pesar três ou quatro quilos, seriam melhor classificadas como alfanjes exagerados.

Sabres ocidentais

O primeiro ancestral do **sabre** ocidental (*saber*) surgiu entre os nômades das estepes asiáticas (a começar pelos xiongnu da atual Mongólia, no século V) e foi trazida à Europa Oriental a partir do século IX, provavelmente pelos magiares (atuais húngaros), que a chamam ***sablya***. Chegou à Europa Ocidental no século XVII e seu uso se generalizou na Europa a partir da cavalaria napoleônica, no início do século XIX e continuaram a ser usados até a primeira metade do século XX. Em geral é levemente curvo, mas pode ser reto ou muito curvo.

O mais famoso dos sabres talvez seja a "espada de Átila". Segundo a lenda, foi encontrada no campo por um boieiro ao seguir a trilha de sangue deixada por uma de suas novilhas por ter pisado nela acidentalmente. Ele a deu de presente a Átila, que acreditou que aquela era a "espada de Marte" (ou de algum deus huno comparável a Marte) e que com ela estava destinado a conquistar o mundo. No *Kunsthistorisches Museum* de Viena é conservada uma suposta "espada de Átila" que teria sido encontrada no túmulo de Carlos Magno por Otão III, mas parece ser um sabre húngaro feito em 900-950 d.C.

O ***sablya*** húngaro e o ***szabla*** polonês se distinguem dos sabres posteriores principalmente pela empunhadura curva. De resto, têm características e dimensões semelhantes, com comprimento em torno de 90 centímetros e peso de 1 a 1,4 quilo.

A ***sashqa*** (em circassiano) ou ***chacheka*** (em russo) é um tipo de sabre usado pelos circassianos do Cáucaso e pelos Cossacos do sul da Rússia e Ucrânia do século XVII ao início do século XX, com empunhadura simples de faca. O comprimento é de aproximadamente um metro e o peso de um quilo.

O **sabre de abordagem** (*cutlass*) é o sabre naval, curto para evitar embaraçar-se no cordame dos navios a vela e com punho de latão, resistente à maresia. Foi usado por marinheiros e piratas a partir do século XVII. A abordagem deixou de ser uma tática usual a partir das primeiras décadas do século XIX, mas continuaram a ser usados no treinamento e em desembarques até o início dos anos 1930 (e um marine dos EUA usou um sabre para matar um inimigo ainda na Guerra da Coreia, em 1950). Continua a fazer parte do uniforme de gala dos oficiais navais. Tem cerca de 76 centímetros de comprimento total e pesa 900 gramas.

O **sabre pesado** (*heavy cavalry saber*) é a arma típica da cavalaria pesada (com couraça) do final do século XVIII e início do século XIX. Nos EUA, era apelidado *wristbreaker* ou "quebra-pulsos" e trocado, em 1840, pelo sabre leve. No Brasil, foi usado apenas pela Guarda de Honra de D. Pedro I, de 1826 a 1831: sua guarda tinha o Brasão do Império e um pomo em forma de grifo - o símbolo da Casa Imperial e a lâmina, reta, era decorada com gravações com ouro e oxidação azulada decorativa, com as inscrições "Viva o Imperador", dos dois lados. Com um metro de comprimento, pesava quase dois quilos.

O **sabre leve** (*light cavalry saber*) foi a arma típica da cavalaria ligeira (sem couraça) do início do século XIX ao início do século XX, em alguns países até a II Guerra Mundial, geralmente com guarda em estribo. Com comprimento de 90 centímetros a um metro, pesavam de 1 a 1,4 quilo. No Brasil, ainda são a arma cerimonial dos Dragões da Independência ("dragões" foram originalmente um corpo de infantaria que também montava a cavalo, que depois se fundiu com a cavalaria ligeira).

O **sabre rabo-de-galo** é uma arma de lâmina extremamente curva, de origem ibérica, muito usado no sul do Brasil durante a primeira metade do século XIX. Dada sua curvatura, é inútil para estocar e só serve para dar cutiladas a cavalo. Tem cerca de 83 centímetros e 1 quilo.

O **sabre de infantaria** (*infantry sword* ou *hanger*) foi a arma de reserva da infantaria do século XVIII ao início do século XX e participou de muitas ações na I Guerra Mundial. Geralmente reto e usado para estocar tanto quanto para cortar. Tinha 75 centímetros a um metro de comprimento e pesava de 1 a 1,4 quilo.

Semelhante ao terçado, o **sabre de duelo** (*duelling saber*) foi usado a partir de 1840 como arma de duelo, principalmente na Itália e Hungria e às vezes, também, como arma de defesa pessoal. O típico sabre de duelo tem 90 centímetros, pesa 900 gramas e tem guarda em estribo.

O **sabre de esgrima** (*sabre*) é a versão esportiva do sabre de duelo. O comprimento é padronizado em 1,05 metro, com lâmina de 88 centímetros, peso de 500 gramas e guarda em estribo. O gume não é afiado, mas na esgrima com sabre tocar o adversário com ele conta pontos, ao contrário do que se passa na esgrima com florete ou espada.

Sabres chineses

O **sabre chinês** (*dao*, também chamado *yao dao*, literalmente *"dao de cintura"*, para se distinguir de armas de haste também chamadas *dao*) é conhecido desde a Idade do Bronze, na dinastia Shang (1600-1046 a.C.). Na época dos Reinos Combatentes (475 -221 a.C.), passaram a ser feitos de aço.

Originalmente menos comum que a espada de dois gumes *jian*, o *dao* foi adotado pela cavalaria da dinastia Han (206 a.C. – 220 d.C.) devido à robustez, a superioridade como arma de corte e facilidade de uso. Os chineses diziam que era preciso uma semana para aprender a usar o *dao*, um mês para o *qiang* (lança), e um ano para a *jian* (espada de dois gumes). Logo começou a ser usado também pela infantaria, substituindo esta última nas mãos da maior parte da tropa.

Os modelos mais antigos, chamados **zhibei dao** ("sabre de costas retas") tinham lâmina de dorso reto e um só gume convexo. Foram exportados para a Coreia, Japão e Vietnã a partir da dinastia Tang (618-907 d.C.), influenciando as espadas locais. Tinham lâmina de 70 centímetros, comprimento total de um metro e peso de 1,5 quilo.

A versão coreana é a **hwando**, com um metro de comprimento e 1,2 quilo. A japonesa **warabiteto** ("sabre folha de samambaia") foi usada no período Kofun (de meados do século III a meados do século VI).

A **kiem**, vietnamita, é um pouco mais estreita e leve (um quilo). *Thuan Thien* ("Vontade do Céu") era a *kiem* do herói Le Loi, que libertou o Vietnã do domínio da dinastia chinesa Ming em 1418-1428 e fundou a dinastia Le. A lâmina teria sido encontrada na rede de Le Than, um pescador que se juntou ao exército de Le Loi e se tornou um de seus oficiais. Um dia, ao entrar na casa de Le Than, Le Loi viu brilhar na espada os caracteres "Vontade do Céu": era um presente do deus Long Vuong ("Rei Dragão"). Mais tarde, viu uma luz estranha brilhar nos galhos de uma figueira e ali encontrou o cabo, completando a espada. Segundo a lenda, a espada fazia o possuidor crescer e ganhar a força de mil homens.

Na dinastia Song (960-1279) começaram a ser usados *dao* mais leves de lâmina curva, possivelmente por influência dos sabres dos nômades turcos e mongóis das estepes. As versões mais modernas têm empunhadura forrada com corda e uma guarda em forma de disco (o que impede que a chuva ou o sangue tornem a empunhadura escorregadia) e uma lâmina levemente curva de um só fio na maior parte da extensão, com ponta e alguns centímetros do contrafio também afiados.

As quatro variedades mais comuns são

- **yanmao dao** ("sabre pena de ganso"), originário da dinastia Song (960-1279 d.C.), com empunhadura e lâmina reta e de largura constante na maior parte da extensão, mas curva na ponta;

- **luiye dao** ("sabre folha de salgueiro"), levemente curvo em S em todo o comprimento, estreitando-se da empunhadura para a ponta e mais adequado para cortar, o mais usado pelos exércitos das dinastias Ming (1368-1644) e Qing (1644-1912);

- **pian dao** ("sabre de talhar"), mais curvo e apropriado para cortar que o anterior e usado em escaramuças com escudo no fim da dinastia Ming;

- **niwei dao** ("sabre rabo de boi"), modelo usado por civis e rebeldes no fim da dinastia Qing e no qual se baseia a maioria dos daos hoje usados nas artes marciais, cuja lâmina se alarga da empunhadura para a ponta, deslocando o centro de gravidade para diante e aumentando a força do impacto à custa da agilidade.

Todos esses modelos têm de 80 centímetros a um metro de comprimento e pesam de 700 a 900 gramas.

Nas demonstrações de *wushu*, costuma-se usar um *dao* baseado no *niwei dao* com lâmina feita de aço flexível e fina como papel que ondula com um som que lembra ondas d'água e por isso é chamado de "sabre canção d'água". Não pesa mais de 450 gramas.

Sabres de cavalaria semelhantes aos ocidentais foram também

usados nos séculos XIX e XX, geralmente com lâmina de 67 centímetros, comprimento total de 80 e peso de 800-900 gramas. O tipo de *dao* usado no taiji (ou tai chi) tem características semelhantes.

O **zhanma dao** ("sabre corta-cavalo") é um sabre longo usado contra a cavalaria na dinastia Song. Usado com as duas mãos, tinha empunhadura de 37 centímetros, lâmina estreita, reta com curvatura na ponta, de 1,14 metro, comprimento total de 1,51 metro e peso de 2 quilos.

O **chang dao** ("sabre longo") é uma versão mais recente dessa espada, usada na dinastia Ming. O *zhanma dao* inspirou a espada japonesa *nodachi* e esta, por sua vez, inspirou Qi Jiguang, que estudou manuais japoneses de guerra, a inventar em 1560 a *chang dao*, usada contra os cavaleiros mongóis. Tinha comprimento total de 1,95 metro, incluindo empunhadura de 70 centímetros e pesava 1,5 quilo.

Nessa mesma época o **wo dao** ("sabre japonês") foi usado contra piratas *ronin* do Japão. Era provavelmente baseado nas espadas japonesas *tachi*, com lâmina levemente curva de 80 centímetros, empunhadura de 25,5 centímetros e peso de 1,4 quilo.

O **miao dao** ("sabre broto") é um sabre militar para usar com duas mãos, adotado na era republicana (primeira metade do século XX), inclusive nas guerras com os japoneses. Tem empunhadura de 30 a 35 centímetros, lâmina de 1 a 1,2 metro, comprimento total de 1,35 a 1,5 metro e peso de 2,5 quilos.

O **dadao** ("grande sabre") é um sabre pesado, também para usar com duas mãos, com empunhadura longa (35 centímetros) e lâmina de 60 a 90 centímetros que se alarga na ponta, usado principalmente por milícias camponesas e rebeldes e tropas pouco treinadas até o século XX, mais notadamente na guerra sino-japonesa dos anos 1930. O centro de gravidade deslocado para a frente torna essa arma difícil de manejar, mas lhe dá grande impacto e permite decapitar um inimigo com facilidade, e a grande largura da lâmina compensa a baixa qualidade do aço no que se refere à resistência. O comprimento varia de 95 centímetros a 1,3 metro e o peso de 1,1 a 2,3 quilos. É uma das poucas espadas que realmente era levada às costas quando não estava em uso, pois não havia necessidade de sacá-la com rapidez.

O **baguazhang dadao** ("grande sabre de baguazhang") é uma

versão agigantada do *dao* tradicional, para se usar com as duas mãos na arte marcial *baguazhang*. Geralmente o comprimento é de 1,4 a 1,5 metro (com lâmina de um metro) e o peso de 1,6 a 2 quilos. Alguns exemplares são maiores.

O **jiuhuan dao** ("sabre de nove anéis") é um sabre pesado, geralmente curvo, com nove anéis pendurados no contrafio e uma bandeira vermelha pendurada na empunhadura, usado no teatro e em demonstrações de artes marciais. Tem cerca de um metro e dois quilos.

O **nan dao** ("sabre do sul") é um sabre reto e pesado que parece ter surgido para uso civil no fim da dinastia Qing e hoje é usado em artes marciais. Tem 90 centímetros e o peso (1,8 quilo) exige que seja usado com as duas mãos.

Os **hudie shuang dao** ("sabre dupla borboleta"), em cantonês **bat jam dao**, são um par de pequenos sabres – *nan dao* em miniatura – usadas no *Wing Chun*, arte marcial da família do Kung Fu). Originários do sul da China, difundiram-se depois da II Guerra Mundial. Escondido com facilidade, o par compartilha a mesma bainha e a lâmina deve ser igual ao comprimento do punho e antebraço, para que possam ser giradas por dentro dos braços. Cada um tem lâmina de 35 centímetros e empunhadura de 15, pesando cerca de 450 gramas.

Na Coreia, um par de armas muito semelhante é chamado **dan ssang geom** ("dupla espada curta"). Originalmente eram usadas por guarda-costas femininas das princesas da corte e escondidas sob seus folgados *chima-chogori* (traje típico). Seu uso é frequentemente ensinado a mulheres nas artes marciais coreanas.

Ainda na Coreia, usou-se também um grande sabre para duas mãos chamado **jang do**, com 1,95 metro de comprimento total, lâmina de 1,52 metro, empunhadura de 44 centímetros e peso de 1,37 quilo.

A **dha** é uma espada curva típica da Birmânia (atual Myanmar), com 89 centímetros e 700 gramas.

A **krabi** é uma espada curva da Tailândia, usada aos pares na arte marcial *krabi krabong*. Embora usada com uma só mão, tem uma guarda comprida (25 a 37 centímetros) que serve de contrapeso. Tem 71 centímetros a 1,22 metro de comprimento (lâmina de 46 a 74) e pesa 1,1 a 2 quilos. Feitas para prática de artes marciais, frequentemente têm lâmina de alumínio e pesam muito menos, em torno de 450 gramas.

Nihonto (espadas japonesas)

O ***tachi*** ("sabre grande") surgiu como arma da cavalaria japonesa durante o período Heian (a partir do século VIII) e a partir do século X começou a ser obtido combinando-se diferentes aços: mais duro no gume e no miolo da folha para proporcionar dureza, mais flexível nas costas e nos lados para proporcionar resistência. Essa técnica conferiu às espadas japonesas um fio afiado como navalha e uma leveza e agilidade muito superior à do dao chinês ou dos sabres ocidentais, resultando em armas qualitativamente diferentes, que exigiam uma técnica de uso específica do Japão. Mesmo sendo leves, as nihonto (espadas japonesas) são empunhadas com as duas mãos, a direita junto à guarda (*tsuba*) e a esquerda tão afastada quanto possível. A mão esquerda executa o movimento e a direita a guia, em movimentos muito rápidos de talhar e puxar, "serrando".

Entre os armeiros mais famosos da história do Japão, encontram-se, no século XIII, Gotoba, Hisakuni, Norimune e Yoshimitsu Toshiro; no século XIV, Muramasa, Go Yoshihiro, Morimitsu, Yasumitsu e Moromitsu; no século XVII, Tamba no Kami Yoshinichi e Inoue Shinkai; e no século XVIII, Sukenaga. Mas Goro Nyudo Masamune (início do século XIV) é considerado o maior armeiro da história do Japão.

Segundo uma lenda japonesa, o mais rico daimyo do Japão promoveu um concurso nacional de armeiros, no qual os finalistas foram Masamune e Muramasa. Bondoso e honrado, Masamune acreditava que um samurai deveria impor a paz com sua própria presença, sem precisar desembainhar a espada. Suas armas deviam trazer serenidade ao seu possuidor, ao passo que Muramasa, embora também fosse um artesão consumado, era um homem violento, cujas lâminas eram feitas para causar muito dano e derramar muito sangue. As espadas dos dois mestres foram mergulhadas verticalmente num rio para se verificar qual a melhor. As folhas que flutuavam para a espada de Muramasa eram cortadas em duas metades que continuavam a flutuar sem ser perturbadas. O vencedor foi, porém, Masamune, cuja arma era tão poderosa que seu *ki* (espírito) fazia as folhas se desviarem para evitá-la.

As espadas de Masamune eram consideradas nefastas a samurais sanguinários, pois eram forjadas para a paz. Se usadas para o mal, perderiam seu espírito e trairiam intencionalmente seus mestres na batalha. Diz a lenda que o violento daimyo cristão Oda Nobunaga, que no século XVI tentou unificar o Japão, recusou-se a usar uma Masamune que lhe foi presenteada por acreditar que ela acabaria por matá-lo, por não ser digno dela.

O *tachi* foi a espada usual dos samurais até o início do período Muromachi (1392-1573), quando começou a ser substituída pela catana, mais curta e leve e de empunhadura reta. Com lâmina de 75 a 85 centímetros e comprimento total de 1,1 metro, pesava cerca de 1,4 quilo. A partir de 1600, passou-se a chamar *tachi* uma arma idêntica à catana, mas com empunhadura ligeiramente curva e carregada à maneira antiga, com bainha pendurada à cintura por dois pinos e gume curvo para baixo, usada por samurais a cavalo, com armadura e em ocasiões cerimoniais.

O **nodachi** ("sabre grande de campo", para ser usada apenas em campo de batalha) era um *tachi* excepcionalmente grande (lâmina de 90 centímetros ou mais), usado para fazer sinais às tropas e cortar patas de cavalos. Tipicamente, tinha lâmina de 1,2 metro e empunhadura de 30 centímetros. Uma famosa *nodachi* forjada por Kanetsune e usada em 1592 pelo clã Date na tentativa de conquista da Coreia tem lâmina de 1,2 metro, 1,8 metro de comprimento total, pesa 3,65 quilos e talvez seja a maior espada do mundo a ter sido efetivamente usada num campo de batalha.

O **odachi** ("sabre muito grande") era um *tachi* gigante forjada por armeiros como oferenda aos deuses e para demonstrar sua habilidade, sem uso prático. Um exemplar forjado por Norimitsu de Osafune em 1447 tem lâmina de 2,27 metros, 3,77 metros de comprimento e pesa 14,5 quilos.

Inicialmente chamada **uchigatana** ("sabre de golpe"), a **catana** (*katana*) substituiu o *tachi* como arma favorita dos samurais durante o período Muromachi (1392-1573). Embora seja relativamente leve e sua capacidade de penetrar em armaduras seja limitada, seu gume afiado como uma navalha permite cortar um homem ao meio com facilidade.

Ao contrário da *tachi*, a catana propriamente dita era carregada em uma bainha metida dentro do cinto (*obi*), presa por um só pino e com gume curvo para cima, o que facilita ao máximo sacá-la com rapidez. Tradicionalmente, é usada com as duas mãos. O famoso *ronin* Miyamoto Musashi, porém, usou-a com uma só mão, junto com uma espada menor na outra e fundou uma tradição dedicada a essa técnica.

Uma catana padrão tem lâmina de 70 a 73 centímetros, empunhadura de 29 centímetros, um metro de comprimento e pesa 1 a 1,2 quilo. A lei japonesa classificava como catana qualquer espada com lâmina de comprimento igual ou superior a 2 shaku (60,6 centímetros), mas armas com lâmina desse tamanho (chamadas **chiisagatana**, "sabre curto") só foram usadas no início do século XVI, tendo nesse caso 90 centímetros de comprimento e peso de 900 gramas. Nesse caso, os samurais levavam duas delas, em vez de uma catana e uma *wakizashi*.

Samurais mais fortes tendiam a preferir catanas mais longas, chamadas **ogatana** ("catana grande"), com lâmina de 80 a 90 centímetros, comprimento total de 1,1 a 1,25 metro e 1,4 a 1,6 quilo. Mas em 1645 o xogunato Tokugawa limitou o tamanho da lâmina a 87,9 cm e, em 1683, foram proibidas as catanas de tamanho maior que o padrão.

A **unggeom** ("espada pendurada") é a versão coreana da catana, a ela equivalente em todos os aspectos. Foi usada durante a dinastia Joseon (1392-1897) até a conquista japonesa. Nessa época, as espadas eram classificadas segundo seu status e as mais elevadas era a **byeolunggeom** ("espada pendurada celestial"), da qual só existiam duas, usadas pelos dois principais guarda-costas do rei, que usavam o título de *un'geom* ("agraciados com a espada").

No Japão, **wakizashi** ("inserida ao lado") é legalmente qualquer espada com lâmina entre um *shaku* (30,3 centímetros) e dois *shaku* (60,6 centímetros) de comprimento. A *wakizashi* clássica era usada pelos samurais, junto com a catana e produzida e usada com a mesma técnica. Filhos de samurais costumavam praticar com a *wakizashi* e portá-la como uma catana, já a partir dos sete anos. É também a espada usada para abrir o abdômen no ritual do seppuku (o haraquiri ou suicídio ritual). Normalmente, era usada como último recurso ou em ambientes fechados, pois seu tamanho a tornava mais prática nessa situação, e o costume os obrigava a depor a catana em casa alheia. Na forma clássica, tem lâmina de 50 a 54 centímetros, comprimento total de 72 a 76 centímetros e peso de 700 a 800 gramas. O *ronin* Miyamoto Musashi inaugurou a técnica de usar a catana em uma mão e a *wakizashi* na outra.

A **owakizashi** ("*wakizashi* grande") é uma espada cuja lâmina tem comprimento só um pouquinho inferior ao limite legal de 60,6 centímetros. Era usada por plebeus (inclusive membros da Yakuza) que desejavam estar tão bem armados quanto era permitido a um não-samurai até 1645, quando o xogunato Tokugawa limitou as *wakizashi* a lâminas de até 57,6 centímetros. O comprimento total era de 80 centímetros e o peso de 800 a 900 gramas.

Em 1668, uma regulamentação adicional proibiu os plebeus (não-samurais) de usar *wakizashi* de lâmina maior que 45,5 centímetros, salvo em viagens. Armas feitas sob essa limitação eram chamadas **kowakizashi** ("*wakizashi* curtas"), com comprimento total de 65 centímetros e peso de 600 a 700 gramas.

A **shikomizue** ("cana preparada") ou **joto** ("cajado-espada") é o equivalente japonês da bengala de estoque ocidental: uma lâmina reta oculta por uma bainha de bambu que se encaixa na empunhadura de forma a simular um cajado. Teria sido usada por samurais renitentes depois de 1876, quando foram proibidos de usar suas armas tradicionais, mas na realidade parece ter sido inventado durante a proibição de armas pela ocupação estadunidense (1945-1953). Foi popularizada por Zatoichi, personagem ficcional de uma série de filmes japoneses da Daiei Studios feitos de 1962 a 1989, que continuam a render *remakes*.

A **ninjato** ("sabre ninja") é uma criação do cinema. Teria tamanho e características semelhantes à *wakizashi*, mas lâmina reta e guarda quadrada (*wakizashi* e catana têm guardas ovais). Na realidade, os ninjas – agentes secretos plebeus, proibidos de usar as armas samurais – usavam qualquer faca ou espada curta de baixo preço (ou roubada), de preferência fácil de esconder. Seria absurdo chamar a atenção com uma arma de desenho incomum.

Outra espada imaginária é a **zanbato** ("sabre corta-cavalo"), cujo nome é uma tradução para o japonês da espada chinesa *zhanma dao*. Da forma como costuma aparecer em animes e mangás, tem uma empunhadura de 40 centímetros, um ricasso (parte não afiada da lâmina junto à empunhadura, para segurar com a mão) de uns 45 centímetros e um comprimento de dois a três metros, sendo usada em batalha como uma catana gigante. Embora japoneses tenham fabricado espadas *odachi* e *nodachi* desse tamanho, eram usadas de maneira diferente (se é que não eram apenas cerimoniais) e não tinham ricasso.

O **bokuto** ou **bokken** é uma imitação em madeira da catana, usada no treinamento de samurais. Feita de madeira dura e densa, como o carvalho japonês, tem tamanho, peso e balanço semelhante aos de uma catana verdadeira. Na mão de um guerreiro forte e hábil, podia causar ferimentos sérios e quebrar ossos. Usadas hoje no iaitô e alguns exercícios de kendô, são mais leves que as originais e feitas de material sintético ou cobertas de espuma de borracha, para evitar acidentes. O **shoto bokuto** ou **shoto bokken**, mais curto, simula a *wakizashi* em exercícios com duas espadas. Miyamoto Musashi mostrava sua superioridade usando uma bokuto, ou um par, para enfrentar e vencer rivais armados com catanas.

A **nami iaito** é uma invenção recente, do pós-guerra. É uma alternativa ao *bokuto* para praticar o iaitô, arte marcial que consiste em sacar rapidamente a catana e usá-la ofensivamente ou defensivamente já no primeiro movimento. Para tornar menos cansativos os movimentos repetitivos, é mais leve (cerca de 850 gramas), com lâmina de liga de zinco-alumínio sem fio.

A **shinai** é a espada do kendô esportivo, o equivalente japonês da esgrima ocidental. Menos perigosa que o *bokuto* e bastante flexível, é feita com quatro tiras de bambu retas, amarradas com couro ou tecido. A versão oficial para adultos tem 1,2 metro de comprimento e pesa 510 gramas na versão masculina e 440 na feminina. Quando usadas ao pares, **daito** (longa) e **shoto** (curta), a maior tem 1,14 metro e pesa 440 gramas na versão masculina e 400 na feminina, e a menor tem 62 centímetros e pesa até 300 gramas na versão masculina e 280 na feminina.

Cimitarras

Os sabres usados pelos nômades da Ásia Central deram origem na Pérsia (atual Irã) do século XII à **shamshir**, literalmente "garra de leão", palavra da qual deriva o português **cimitarra** (inglês *scimitar*) através do italiano *scimitara*. Embora a cimitarra persa fosse semelhante ao sabre dos nômades na forma, os armeiros orientais adotaram técnicas avançadas, comparáveis à das catanas japonesas, que a tornaram leve e extremamente cortante e exigiram técnicas de uso mais sofisticadas. Uma cimitarra tem um metro de comprimento e pesa um quilo.

A liderança muçulmana na produção de espadas durou de 900 a 1750. Mesmo os cavaleiros cristãos reconheciam que os armeiros árabes de Damasco eram superiores e aspiravam a possuir uma espada forjada com sua técnica. Diziam as lendas que podia cortar um pedaço de seda no ar, como também cortar uma pedra sem perder o fio.

Uma famosa cimitarra lendária foi *Shamshir-e Zomorrodnegar* ("cimitarra cravejada de esmeraldas"), que segundo uma lenda persa teria pertencido ao rei Salomão e depois ao *djinn* Fulad-zereh, cuja mãe o protegeu com um encanto que o tornava invulnerável a qualquer arma, menos essa. A cimitarra também era um amuleto contra a magia. Uma ferida que ela causasse só poderia ser tratada por uma poção especial feita com determinados ingredientes, incluindo o cérebro de Fulad-zereh. O *djinn* foi vencido e sua cimitarra conquistada pelo lendário herói Amir Arsalan-e Namdar.

A partir do século XIV, as cimitarras se generalizaram por todo o mundo muçulmano, às vezes além. A versão árabe é chamada **saif ma'quf** ("espada curva") e a berbere (usada no noroeste da África, inclusive pelos piratas berberes) **nimcha**. Todas têm lâminas curvas, estreitas e pontudas, com gume do lado convexo e aproximadamente do mesmo tamanho: 90 centímetros a um metro de comprimento e 700 gramas a 1,4 quilo. Diferem principalmente pelo formato da guarda e da empunhadura.

Entre os árabes, usou-se também uma versão curta, com 56 centímetros de comprimento e cerca de 500 gramas, às vezes usada em pares (como em uma famosa cena de *Indiana Jones e os Caçadores da Arca Perdida*).

A versão turca é chamada **kilij** e tem uma curva em ângulo, que impede que seja guardada em uma bainha fechada (esta exige uma espada reta ou com curva em forma de arco de círculo).

A cimitarra afegã **pulwar**, usada pelo povo pashtun, tinha um pomo em forma de xícara e os braços da guarda ligeiramente curvados para a frente. A paquistanesa e indiana **talwar** são caracterizadas pelo pomo em forma de disco, frequentemente um arco de metal em D do pomo ao guarda-mão e uma lâmina um pouco mais larga que a persa (resultando num peso de cerca de 1,35 quilo, no limite superior das cimitarras), também usada nesses países com o nome de **shamsher**. Essas espadas são semelhantes às persas e provavelmente foram por elas influenciadas, mas continuam uma antiga tradição indiana de espadas curvas e são usadas também por guerreiros hindus e sikhs, além dos muçulmanos.

A **espada mameluca** (*mameluke sword*) é a cimitarra dos mamelucos (corpo egípcio de guerreiros-escravos que existiu do século IX ao IX), que foi adotada por corpos ocidentais de hussardos (cavalaria ligeira) no século XIX depois que Napoleão recrutou algumas unidades de mamelucos durante sua campanha no Egito. Os marines dos EUA a adotaram em 1825, ao fim de sua campanha contra os piratas da Berbéria, e seus oficiais ainda a usam cerimonialmente. Tem 96 centímetros (lâmina de 81) e pesa 810 gramas.

Vale observar que as espadas curvas usadas pelos elfos na versão de Peter Jackson de *O Senhor dos Anéis* são variedades de cimitarra. As réplicas comerciais da **Hadhafang** da elfa Arwen têm 96 centímetros (lâmina de 76) e pesam 770 gramas. As réplicas das cimitarras curtas usadas em par por Legolas têm 56 centímetros (lâmina de 40) e 565 gramas cada uma.

Espadas africanas de um só gume

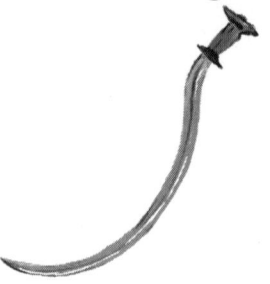

Vários povos africanos usaram espadas de um só gume, quer sejam inspiradas em armas dos antigos egípcios, cavaleiros árabes ou marinheiros europeus, ou sejam invenções independentes.

A **shotel**, arma etíope, tem empunhadura simples, sem guarda, com pomo como forma de um disco e lâmina muito curva, chegando a formar um semicírculo, e com gume tanto do lado côncavo quanto do convexo. Seu formato permite contornar o escudo do adversário e golpear com a ponta, ou então cortar normalmente com a lâmina. Foi usada por guerreiros a pé, contra seus pares ou contra cavaleiros desde a cultura Damot (700 – 400 a.C.) ao século XX. Tem de 80 centímetros a um metro e pesa 1,3 a 1,5 quilo.

A **gurade**, com curva mais suave, é uma espada etíope usada por cavaleiros que é semelhante à cimitarra, mas com empunhadura simples como a da *shotel*. Tem um metro de comprimento e pesa 1,2 quilo.

A *flyssa* é uma espada reta de um só gume, pontuda e de lâmina leve e estreita, típica dos cabilas, povo berbere e muçulmano das montanhas da Argélia e Marrocos, usada tanto para estocar quanto para cortar. Pode ter de 53 a 94 centímetros e pesar de 300 a 850 gramas.

A **agedengbe** é uma espada ioruba de lâmina em forma de folha larga (até 7,5 centímetros na parte mais larga), oblíqua em relação ao cabo, com cerca de 50 centímetros e 850 gramas.

A **espada mandinga**, do povo do mesmo nome da África Ocidental, é uma espada curta, ligeiramente curva, com cerca de 63 centímetros de comprimento e 300 gramas e cabo simples de madeira. A **espada konda** (ou nkundo, ou mongo) do povo desse nome na região central do Congo Kinshasa, tem cerca de 70 centímetros e pesa 500 gramas. A **espada teke**, do povo desse nome que vive na confluência dos rios Congo e Kasai, tem uma lâmina em gancho cujo gume fica voltado para a frente quando a arma é segura pelo cabo, de modo que um golpe de lado pode, ao mesmo tempo, tirar o escudo do inimigo do caminho e cortar-lhe o abdômen. Tem 50 centímetros de comprimento e pesa 900 gramas

Espadas de dois gumes

Estas espadas costumam ser retas e feitas principalmente para cortar, embora a maioria delas também seja eficiente para estocar. São mais versáteis que as espadas de um só gume, mas mais frágeis, pois o gume é a parte mais vulnerável da lâmina. De maneira geral, exigem uma técnica de uso mais complexa e mais experiência do usuário, o que geralmente restringiu seu uso a guerreiros especializados e frequentemente a uma casta ou estamento hereditário.

Gládios (espadas curtas)

As espadas curtas, também chamadas "gládios" pelo nome romano, são as mais antigas espadas de dois gumes. Na Idade do Bronze eram praticamente as únicas existentes e na Idade do Ferro eram as mais importantes. Eram a arma de último recurso dos hoplitas gregos, mas passavam a ser arma principal dos legionários romanos depois que arremessavam seus pilos.

A partir da Idade Média, com o predomínio da cavalaria, as espadas longas (ou simplesmente "espadas") passaram ao primeiro plano, mas as espadas curtas continuaram a ser a arma de reserva dos peões (cujas armas principais eram usualmente lanças, alabardas e outras armas de haste) até a Idade Moderna. A partir do século XIX, foram substituídas por terçados ou sabres de infantaria, depois por baionetas e facas de combate, usadas até hoje.

Gládios de bronze

Devido às limitações da metalurgia da Idade do Bronze, as primeiras espadas, feitas de cobre, eram curtas e leves, pouco mais que adagas. Um exemplo sumério, encontrado numa tumba real de Ur, tinha 50 centímetros de comprimento e pesava 650 gramas.

A metalurgia do bronze possibilitou espadas algo maiores e mais pesadas. Na época micênica, uma espada perfurante (lâmina triangular e pontuda, gumes pouco afiados), tinha 45 centímetros e 900 gramas. Uma espada de corte (dois gumes, lâmina sem ponta afiada), fundida numa só peça (cabo e lâmina) tinha 50 centímetros de comprimento total e 1,35 quilo; uma espada mista e longa (ainda bem aquém do que se chamaria de "espada longa" na Idade do Ferro) tinha 76 centímetros e 1,5 quilo. Eram provavelmente armas de reserva, usadas depois das lanças e arcos. Como é impossível dar um gume realmente afiado a uma lâmina de bronze, essas armas dependiam mais de força e peso do que do fio.

Estas seriam as espadas realmente usadas pelos heróis e semideuses da mitologia grega em suas aventuras ou na Guerra de Troia, e não as espadas de aço brilhante que costumam ser mostradas no cinema. Homero cita os seguintes nomes: *xiphos* (genérico), *chalos* (espada de cobre), *phasganon* (espada de dois gumes, com lâmina em forma de folha) e *aor* (espada de folha larga e robusta).

Os ancestrais dos celtas usaram espadas de bronze caracterizadas pela lâmina em forma de folha, com gumes ligeiramente curvos que resultam numa lâmina alargada no meio. Essas espadas são encontradas nos chamados "campos de urnas", encontrados pelos arqueólogos na Europa Central, leste da França e norte da Itália e datados do século XII a.C. ao século VII a.C. Com cerca de 78 centímetros, pesam 1,35 quilo.

Os chineses também usaram espadas de bronze de dois gumes

(*jian*), atestadas na dinastia Shang (1776 -1027 a.C.), com cerca de 51 centímetros e 650 gramas. Uma das mais famosas é a Espada de Goujian. Foi encontrada na província de Hubei e é notável pela perfeita conservação e total ausência de manchas. O bronze da lâmina tem conteúdo menor de estanho no corpo da lâmina, mais flexível e porcentagem maior no gume, mais duro. Tem 55,6 centímetros, incluindo o punho de 10 centímetros e uma inscrição na qual diz pertencer ao rei de Yue, provavelmente Goujian, que reinou em Yue de 496 a 465 a.C.

A **acinaces** (nome latino, derivado do persa *akinaka*) era a espada curta característica dos persas aquemênidas. Derivada de espadas de bronze citas, foi usada por medos e persas do século VII a.C. ao século II a.C. Com lâmina reta de 35 a 45 centímetros, comprimento total de 50 a 60 centímetros, dois gumes e ponta afiada, lembra as espadas perfurantes micênicas, mas era feita de ferro, o que a fazia ser mais leve e cortante sem ser menos resistente.

Como os gregos e romanos descreviam a acinaces apenas como "espada persa", sem dar detalhes sobre seu formato, autores bizantinos e medievais a confundiram com a cimitarra ou *shamshir*, a espada persa mais característica de sua época. Por isso, em latim medieval e moderno, "acinaces" se tornou sinônimo de espada curva, aplicado até às catanas japonesas.

O **gládio celta** foi usado por gauleses e outros povos celtas do início de sua Idade do Ferro, na cultura La Tène (650 a.C.) até a conquista romana. Com lâmina em forma de folha (gumes ligeiramente curvos, alargando a lâmina no meio), tinha cerca de 68 centímetros de comprimento e 950 gramas. Essa seria a arma usada pelo Asterix dos quadrinhos.

O **gládio grego** ou ***xiphos*** era usado pelos hoplitas como arma secundária em relação à lança, para ser usada caso a formação da falange fosse quebrada. Foi usada pelos gregos, macedônios e pelos reinos que estes fundaram no Oriente até sua conquista pelos romanos, que a conheciam como *gladius graecus*. Tinha a mesma forma de folha característica dos gládios celtas, com 74 centímetros e um quilo.

Os hoplitas espartanos, a partir da época das guerras persas (século V a.C.), se caracterizavam por usar um gládio menor que os dos outros gregos, chamado ***xiphidion*** e às vezes considerada uma *encheiridion* (adaga). Os espartanos evitavam ao máximo quebrar sua formação e faziam de seu gládio uma arma de último recurso, a ser usada de muito perto e apenas para estocar. Foi adotada também pelos beócios no início do século IV a.C. Com cerca de 50 centímetros, pesava até 800 gramas.

O **gládio hispânico** tinha 64 centímetros e era semelhante ao celta. Os romanos travaram contato com essas armas na Primeira Guerra Púnica (264-241 a.C.) e rapidamente a adotaram, transformando-a numa das armas padrão de seus legionários.

O **gládio romano** (*gladius*), semelhante ao grego, mas mais pontudo, foi adotada pelos legionários a partir desse modelo ibero no século III a.C. Era usado principalmente para estocar, embora também fosse capaz de cortar e tinha cerca de 69 centímetros e 900 gramas. Era usado também pelo tipo mais popular de gladiador, o mirmilão (*murmillo*). Ao contrário do gládio grego, era uma arma regular e não de reserva, que se tornava preferencial após o lançamento dos dois pilos que cada legionário levava à batalha.

A partir do século I d.C., soldados romanos começaram a adotar uma variante com gume mais reto e ponta menos pronunciada. Esse modelo, mais eficiente para cortar e mais barato, substituiu inteiramente o tradicional após o século IV d.C. Com cerca de 68 centímetros, pesava 800 gramas.

Na Idade Média, espadas curtas semelhantes aos gládios romanos do último período continuaram a ser usados por peões e durante a Alta Idade Média, muitos cavaleiros levaram uma espada curta junto com sua espada longa, como também fariam os samurais.

A **língua de vaca** (italiano *lingua di bue*, *anelace* ou *cinquedea*) é uma espada curta civil típica da Renascença italiana, de 1460 a 1520. *Cinquedea* significa "de 5 dedos", referência à ampla largura da lâmina na base, até 10 centímetros, que oferecia resistência e espaço para ricos trabalhos de arte, além de proporcionar uma arma ágil e resistente. Tinha comprimento de 50 a 60 centímetros (com punho de 13 a 15 centímetros) e pesava 600 gramas a 1,2 quilo.

A **espada baselarda** (*baselard*, em alemão *Basler*, "basileiense" ou *Schweizerdegen*, "espada suíça") foi uma espada curta, versão alongada da adaga baselarda (*Schweizerdolch*) usada do século XIII ao XV, como arma secundária por mercenários suíços cuja arma principal era o pique. Sua característica era ter pomo e guarda em forma de crescentes, dando à empunhadura a forma de um H. O comprimento da lâmina variava de 40 a 70 centímetros, com peso de 500 a 850 gramas.

O **gládio de artilharia** (inglês *artillery sword*, francês *gladius*) é uma espada curta de dois gumes usada como arma de defesa e facão utilitário pela infantaria e artilharia do século XVII ao XIX. O comprimento total era de 64 centímetros, com lâmina de 48 e peso de 1,4 quilos.

Espadas curtas semelhantes a gládios foram também usadas na África. Os iorubas, do sudoeste da atual Nigéria, usavam dois tipos de espada reta chamados *ida*. Um tinha lâmina em forma de folha larga (6 centímetros no ponto mais largo), empunhadura simples sem guarda e 48 centímetros de comprimento e cerca de 600 gramas. O outro tinha lâmina estreita, cerca de 76 centímetros de comprimento e 700 gramas.

No leste da atual Nigéria, usou-se uma espada curta e larga, de 46 centímetros e 1,35 quilo. No norte, os hauçás usavam espadas curtas de forma característica, de 63 centímetros e 900 gramas.

A *seme* é a espada típica dos massais do Quênia e Tanzânia. Tem lâmina estreita de 55 centímetros, com empunhadura forrada de couro cru, usando uma moeda como pomo.

Armas de cidadãos, mercenários e gladiadores, não de nobres e aventureiros, os gládios raramente foram motivo de lendas e fantasias, mas vale notar uma exceção: **Ferroada** (*Sting*), a espada de Bilbo em *O Hobbit* e de Frodo em *O Senhor dos Anéis*, que teria sido forjada por elfos como uma adaga, mas que nas mãos dos pequenos heróis desempenhou o papel de uma grandiosa espada. Além de excepcionalmente afiada, a ponto de poder cortar teias de aranhas gigantes e ser enfiada por Bilbo numa viga de madeira, tinha o poder mágico de emitir um brilho azul quando orcs se aproximavam. Réplicas têm 56 centímetros e pesam 550 gramas.

Espadas (espadas longas de uma mão)

Espadas ocidentais

As primeiras espadas longas do Ocidente foram usadas por cavaleiros celtas e celtiberos e tinham cerca de 88 centímetros e 850 gramas. Sendo usadas para cortar, nunca para estocar, tinham ponta rombuda. Delas derivam a **espada** propriamente dita (*spatha*, em latim, em contraste com o *gladius* curto), usada pelos cavaleiros romanos (*equites*), a partir do século II a.C., tinha cerca de 91 centímetros de comprimento e pesava 900 gramas, sendo uma arma secundária em relação à hasta ou lança. Vale notar que a famosa "Espada de Dâmocles", com a qual o tirano Dionísio de Siracusa teria dado uma lição ao cortesão do mesmo nome, é descrita pelo romano Cícero como uma *spatha* e não um *gladius*.

A cavalaria romana, que na época da República era formada por nobres de sangue ou por plebeus ricos nobilitados, passou no Império a ser recrutada entre mercenários estrangeiros (gauleses, iberos e númidas), que recebiam 20% a mais que os legionários a pé, servindo como escolta das legiões ou como batedores. A partir do século IV, quando a cavalaria conquistou pouco a pouco um papel mais importante nas linhas de batalha e por fim dominante, as espadas dos cavaleiros romanos passaram a ser um pouco mais pesadas, cerca de 1,1 quilo.

A espada dos cavaleiros medievais descende diretamente das espadas romanas, mas tendeu a se tornar cada vez mais pesada, visto que as armaduras tornaram-se mais comuns e de melhor qualidade. Além disso, para melhor proteger a mão e impedir que escorregasse para a lâmina, adotou a guarda em cruz, inexistente nas espadas da Antiguidade. A partir da época de Carlos Magno (800 d.C.) a espada suplantou totalmente o gládio na cavalaria ocidental.

As primeiras espadas medievais, assim como as antigas espadas romanas, eram usadas principalmente para cortar e geralmente tinham ponta rombuda. De maneira geral, eram mais pesadas e resistentes, mas menos afiadas que as cimitarras árabes e catanas japonesas, tendo em vista romper a cota de malha de adversários protegidos.

"Espadas pretas", usadas na esgrima e no treinamento, eram normalmente espadas sem gume nem lustro, com ponta protegida por um botão coberto de camurça, enquanto as de uso real eram "espadas brancas".

As dimensões dessas espadas variavam entre 85 centímetros e 1,15 metro de comprimento total (lâmina de 70 centímetros a um metro, com 4,5 a 6 centímetros de largura na base), na maioria dos casos entre 90 centímetros e um metro (lâmina de 76-82 centímetros) com 900 gramas a 1,3 quilo. Em inglês, tais espadas são chamadas retroativamente de *broadswords* ("espadas largas") para diferenciá-las das espadas de lâmina estreita da Idade Moderna. Em português, o nome contemporâneo era **espada-d'armas**, para distingui-las das espadas de corte ("côrte"), de uso civil ou ornamental.

A essa categoria pertenceram as espadas efetivamente usadas pelos mais famosos reis, nobres e cavaleiros da Idade Média, algumas das quais ganharam nome próprio nas lendas e romances de gesta. O cinema moderno tende, porém, a preferir mostrar armas muito maiores, de tipos que só se tornaram comuns na Renascença.

Entre as espadas mais famosas da Idade Média, vale lembrar:

- **Gram** ("ira") é a espada de Sigmund na islandesa *Saga dos Volsungos*, que como a lenda arturiana, é ambientada no início da Alta Idade Média (séculos V e VI). Um dia, Siggeir, rei dos Getas (sul da Suécia), veio visitar rei Volsung, bisneto de Odin casado com a giganta Hljod, para propor casamento com sua filha Signy e o pai concordou, contra a vontade da filha. Na festa de casamento, celebrada na casa de reuniões de Volsung, construída em torno do carvalho Barnstokkr, um velho caolho (Odin) trouxe uma espada, cravou-a na árvore, disse que ela pertenceria a quem conseguisse arrancá-la e desapareceu. Todos tentaram e fracassaram, até que Sigmund, irmão gêmeo de Signy, a tirou sem esforço. Siggeir lhe ofereceu pela espada três vezes o seu peso em ouro. Ante a recusa de Sigmund, o rei dos Getas se enfureceu. Convidou a família de Volsung para outra festa em seu palácio e quando chegaram, aprisionou Volsung e os dez filhos e fez sua mãe lobisomem devorar um por noite. Quando só restava Sigmund, Signy ajudou-o a matá--la e fugir para a floresta. Disfarçada de *völva* (feiticeira), Signy tem com ele um filho incestuoso, Sinfjötli, que junto com o pai vinga a família. Depois de outras aventuras e dois casamentos, Sigmund travou uma batalha contra um rei inimigo e quebrou a espada ao enfrentar um velho de lança – nada menos que o disfarce de Odin e sua lança Gungnir –, sendo em seguida mortalmente ferido por guerreiros inimigos. Ao morrer, Sigmund pediu à esposa grávida que guardasse os pedaços da espada para o filho Sigurd, ainda por nascer. Sigurd se tornou filho adotivo do anão Reginn, cujo irmão Fafnir, depois de matar o pai para se apoderar de seu ouro (pago por Loki como indenização por ter matado outro irmão, Otr), transformara--se em dragão. Reginn pediu a Sigurd que matasse Fafnir, mas o herói testou as espadas do padrasto contra uma bigorna e elas se quebraram, até que Reginn usa os pedaços da espada de Sigurd para criar a espada *Gram*, que corta a bigorna ao meio. Com ela, Sigmund estoca e mata Fafnir, antes de seguir seu destino. Na *Canção dos Nibelungos*, versão alemã da mesma lenda cujas versões mais antigas conhecidas são do século XIII, a história se passa nas atuais Alemanha e França, com todo aparato cavalheiresco da Baixa Idade Média. O herói, príncipe de Xanten (cidade da Alemanha, perto do Reno) é chamado Siegfried e a espada é chamada *Balmung*. Já na tetralogia *O Anel dos Nibelungos* de Richard Wagner, inspirada nesse épico, o nome da espada é *Nothung* ("Necessidade").

• **Excalibur** (do galês *Caledfwlch*, "chanfro duro", latinizado como *Caliburnus* por Geoffrey de Monmouth no século XII e chamada *Excalibur* ou *Escalibor* no francês antigo da mesma época) era a espada do rei Artur dos bretões. Nas versões mais antigas (século XII e início do XIII), a espada estava fincada numa pedra, da qual só poderia ser arrancada pelo "verdadeiro rei", que veio a ser Artur. Mais tarde (meados do século XIII), contou-se que fora entregue a Artur por Niniane, a Dama do Lago (chamada Viviane em versões mais antigas, mas sem relação com a espada), depois de que ele se tornou rei. Thomas Malory, no século XV, uniu as duas tradições numa só, dizendo que a Dama do Lago (Nimue, na sua versão) deu Excalibur a Artur depois que a espada arrancada da pedra (chamada **Clarent** em algumas versões da lenda) se quebrou na luta contra o rei Pelinor. Um francês fantasiosamente interpretou seu nome como significando "corta-aço" em hebraico e deu origem à ideia de que Excalibur "cortava através do ferro como da madeira". Mas a maior magia não estava na espada e sim na bainha, "dez vezes mais valiosa": quem a usasse estaria protegido de ferimentos mortais. Foi só após Morgana (*Morgan*) roubar a bainha de Excalibur e a atirar ao lago que Artur pôde ser mortalmente ferido por Mordred. Artur então pediu a Dom Bedevere (*Sir Bedivere*) que a jogasse no lago, do qual a mão da Dama se ergueu para apanhá-la no ar e levá-la de volta a seus domínios mágicos.

- **Durindana** (em francês e inglês *Durendal* ou *Durandal* do francês *durer*, "durar", em castelhano *Durandal* ou *Durandarte*, em italiano *Durlindana*) é a espada do herói do épico medieval *A Canção de Rolando*, do século XIII, baseado em um evento histórico do século VIII: um ataque dos bascos à retaguarda do exército de Carlos Magno em Roncesvales (778 d.C.), nos desfiladeiros dos Pirineus. Na versão da *Canção de Rolando*, a espada fora entregue por um anjo a Carlos Magno, que a presenteara ao sobrinho Rolando (*Hruodland* em franco, Roland em francês, Roldán em castelhano, Roldão em português antigo, Orlando em italiano) e tinha no seu punho um fio da capa da Virgem Maria, um dente de São Pedro, um fio de cabelo de São Dinis e uma gota do sangue de São Basílio. Quando Rolando, depois de resistir sozinho a um exército de cem mil sarracenos, perdeu seu corcel Veillantif, tentou quebrar Durindana, golpeando-a numa rocha, para não deixá-la cair nas mãos do inimigo. Seus esforços abriram a chamada "Brecha de Rolando", uma passagem estreita de 40 metros de largura e 100 metros de altura no maciço do Monte Perdido, nos Pirineus. Não conseguiu e acabou por jogá-la no fundo de um rio ou lago. O *Río de La Espada*, perto de Toledo, Espanha, recorda a lenda. Na versão do historiador sueco Olaus Magnus (século XVI), Durindana pertencera ao herói troiano Heitor e fora tomada por Rolando ao gigante Jutmundus em 778. Outras espadas mencionadas no épico francês são **Almace** de Turpino (*Turpin*), arcebispo de Reims; **Hauteclaire** de Oliveiros (*Olivier*), melhor amigo de Rolando; **Murgleis** de Ganelão (*Ganelon*), primo e traidor de Rolando e **Précieuse** de Baligante (*Baligant*), o "emir de Babilônia" e:

- **Joyeuse** ("Gozosa" ou "Jubilosa") era a espada de Carlos Magno (742-814 d.C.), tio de Rolando. Na *Canção de Rolando*, "sua cor mudava trinta vezes por dia" e outra lenda dizia que ela foi feita com a lança de Longinus, o soldado romano que deu o golpe de misericórdia em Jesus. Segundo uma tradição francesa, essa espada seria uma que ainda hoje é conservada no Louvre e que foi mantida de 1270 a 1793 no monastério de São Dinis, do qual só saía para a cerimônia de coroação do rei da França (e de Napoleão). Especialistas datam o pomo do século X, a cruz do século XII e a empunhadura do século XIII. A lâmina poderia ser, em princípio, da época de Carlos Magno, mas seu estilo é mais típico do século X. Tem 98 centímetros e pesa 1,63 quilo, incluindo 552 gramas de ouro no punho, também decorado com contas de lápis-lazúli.

- **Belisarda** (de *baselard*, adaga típica da Suíça) é o nome da espada do herói Ruggiero do épico *Orlando Furioso* do italiano Ludovico Ariosto, do século XVI, que mistura a lenda carolíngia com o ciclo arturiano e mitos gregos e romanos. Era encantada para cortar através de armaduras.

- **Mistilteinn** ("Visco") era a espada de Hrómundr Gripsson, herói dinamarquês de uma saga islandesa, que a tomou ao derrotar um rei fantasma (*draugr*) apegado a seus tesouros, chamado Thráinn.

- **Skofnung** era a espada do lendário rei dinamarquês Hrólf Kraki, citada nas sagas como "a melhor já levada em terras nórdicas". Teria sido recuperada de um túmulo e usada por outros heróis, notadamente Eid de Ás, Thorkel e Gellir. Segundo a lenda, nenhum ferimento feito por Skofnung se curaria, a menos que fosse esfregado com a pedra Skofnung, que a acompanhava.

- **Fragarach** ("Respondedora"), forjada pelos deuses celtas, pertenceu primeiro ao deus do mar Manannan Mac Lir e depois a seu filho adotivo Lugh, que por sua vez o deu ao herói irlandês Cúchulainn e depois a Conn das Cem Batalhas. Segundo a lenda, ninguém que a tivesse encostada à garganta seria capaz de mentir (daí o nome). Além disso, podia mudar a direção do vento à vontade do usuário, atravessar qualquer escudo ou parede e seus ferimentos eram incuráveis.

- **Naegling** ("Pregante") foi encontrada por Beowulf na caverna de Grendel após derrotar a ele e sua mãe. Passou a usá-la porque sua primeira espada, **Hrunting**, mostrara-se ineficaz contra aquelas criaturas. Usou-a mais tarde para matar o dragão que ameaçava seu reino, mas o monstro agonizante pôde matá-lo e quebrar a espada.

- **Tizona** e **La Colada** teriam sido duas espadas que, segundo o *Cantar de mío Cid* (composto por volta de 1200) teriam pertencido ao mais famoso cavaleiro da Espanha: Rodrigo Díaz de Vivar (1040-1099), conhecido como El Cid, o Campeador. Uma suposta Tizona pode ser vista no Museu de Burgos e tem 1,02 metro de comprimento total (lâmina de 93 cm) e pesa 1,15 quilo. Entretanto, o estilo da espada é de fins do século XV e a inscrição, que afirma "sou Tizona, que foi feita na era de 1040" é anacrônica, pois as fontes medievais chamavam a espada de *Tizón* ("Tição"). Acredita-se que seja uma falsificação feita na época dos Reis Católicos (1496-1504) a partir do aço de Damasco de uma lâmina do século XI. Uma suposta Colada é preservada no Palácio Real de Madri, mas sua empunhadura é do século XVI.

Na Baixa Idade Média, a partir do sul da Europa, tornaram-se mais comuns a espadas perfurantes, com ponta aguçada, para explorar as brechas em armaduras de placas ou atravessar cotas de malha. Mas a espada medieval segurava-se com quatro dedos em volta do punho e o polegar posto na direção oposta. Esticando o braço e levantando a espada para cima, ela ficava a 90° em relação ao antebraço. Apontar a espada na direção do adversário, num ângulo máximo de 130°, exigia um esforço muscular adicional. Por isso, eram usadas em 90% dos casos para golpes circulares e só 10% para estocadas horizontais.

No século XV, surgiu, possivelmente a partir de Portugal, outra maneira de segurar a espada, com o indicador à frente da guarda, o que permite aumentar o ângulo de utilização de 130° para 160°, de modo que as estocadas se tornam mais fáceis. De 90%-10%, a proporção de cutiladas para estocadas passou a 50%-50%, trazendo também o benefício adicional do uso das pernas para avanços e recuos. Por volta de 1420, as espadas começam a apresentar um anel de proteção ao indicador, guardas mais curvadas em direção à lâmina e um ricasso, quer dizer, uma zona não afiada da lâmina, logo depois da guarda, para permitir a colocação do indicador. Em 1460, as espadas começam a exibir um segundo anel protetor, simétrico. Ao mesmo tempo, o uso do escudo ia sendo abandonado em favor da adaga de mão esquerda ou adaga de aparar, com a qual se desviava o golpe em rotação do adversário, que ficava com o peito desprotegido ante uma estocada da espada na mão direita.

Esse modelo foi o mais usado por navegadores e conquistadores portugueses e espanhóis de meados do século XV ao final do século XVI. Foi conhecido como **espada colhona** (pelos anéis lembrando testículos ao lado da espada), ou **espada carangueja** (*crab sword*), porque as guardas curvadas lembram as garras de um caranguejo. Tem dois anéis protetores na guarda, com os terminais da guarda em forma de lágrima, virados em direção à ponta da lâmina. Quando usada por navegadores, geralmente tinha a lâmina ou folha pintada de preto para protegê-la da corrosão pela maresia, sendo chamada **espada preta de bordo** (*carracks black sword*). Tinha comprimento de 1,08 metro com lâmina de 91 centímetros.

Espadas longas de uma só mão mais simples continuaram,

porém, a ser usadas como espadas de defesa de peões bem armados.

A ***Katzbalger*** ("estripa-gato", em alemão) foi usada como arma secundária, na segunda metade do século XV, pelos *Landsknecht*, mercenários a serviço de príncipes alemães que tinham o pique como sua arma principal. Tinha comprimento de 84 centímetros e 1,35 quilo.

Do fim do século XVI ao início do XVII, passa a predominar a guarda em cesto. A primeira espada a usá-la foi a **esclavônia** (*schiavona*, em inglês e italiano), originalmente usada por cavaleiros sérvios e conhecida no Ocidente ao ser usada do final do século XV ao final do século XVIII pela guarda do Doge de Veneza, constituída na maior parte por eslavos da Dalmácia (*schiavoni*). Tinha comprimento de 85 a 90 centímetros e pesava 1,1 a 1,4 quilo.

A **espada d'armas** (*broadsword*) da Idade Moderna é uma versão mais pesada e de lâmina mais larga da esclavônia, também com dois gumes, guarda em cesto, lâmina de 85 a 90 centímetros e até 1,75 quilo, usada amplamente na Europa dos séculos XVI e XVII.

A **espada valona** (*walloon sword* em inglês, *épée wallone* em francês) é uma espada com guarda mais simples e "ambidestra" e lâmina mais longa, leve e elástica. Originária da Valônia, na Bélgica, foi adotada na Holanda, Sacro Império, Suíça, Escandinávia durante a Guerra dos Trinta Anos (1618-1648) e na França em 1672, permanecendo em uso até meados do século XVIII, graças à versatilidade que a tornava útil tanto na infantaria (principalmente para estocar) quanto na cavalaria (para acutilar). Na Alemanha, ficou conhecida como ***Pappenheimer*** devido a Gottfried Heinrich, Conde de Pappenheim (1594-1632), coronel de um regimento de cavalaria pesada e depois general da cavalaria imperial na Guerra dos 30 Anos que a adotou. Com comprimento de 1,15 metro, pesava 1,2 a 1,35 quilo.

Espadas orientais

Derivadas das espadas de bronze de dois gumes usadas desde a dinastia Shang, as espadas chinesas **jian** começam a ser feitas de ferro e aço no período dos Estados Combatentes (475-221 a.C.). As jian antigas pesavam 1,2 a 1,4 quilos e tinham 85 centímetros de comprimento. As modernas têm 70 a 80 centímetros de lâmina e comprimento total de 85 a 95 centímetros, mas são mais leves, de 700 a 1,1 quilo. As guardas costumam ter o formado de pequenas asas. Às vezes, têm uma "bandeira" vermelha amarrada ao punho, que serve para confundir o adversário e enxugar o sangue. Esse tipo de espada é hoje frequentemente usada em demonstrações de *taiji* (ou *tai chi*), que busca mais elegância e harmonia do que o usual nas artes marciais mais agressivas conhecidas coletivamente como *kung fu* no Ocidente.

Outros povos do Extremo Oriente criaram espadas semelhantes, inspiradas pela *jian* chinesa. A espada coreana de dois gumes, a **geom**, era semelhante à chinesa *jian*, mas com uma empunhadura mais simples e um pomo com forma de anel. Tinham cerca de 95 centímetros e pesavam 950 gramas. Na dinastia Joseon, eram hierarquizadas em duas séries: espadas-dragão (*jingeom*) e espadas-tigre (*ingeom*), cada uma delas com três categorias: *i-jingeom* (dois dragões), *sam-jingeom* (três dragões), *sa-jingeom* (quatro dragões), *i-ingeom* (dois tigres), *sam-ingeom* (três tigres) e *sa-ingeom* (quatro tigres). As de categoria mais alta eram reservadas ao soberano e podiam ser feitas apenas num determinado período de duas horas, uma vez a cada doze anos.

No Japão, espadas semelhantes às *jian*, chamadas **ken** ou **tsurugi** foram as primeiras a serem forjadas nesse país, do século II ao VII, antes de serem substituídas pelos *tachi*. Embora as catanas, usadas a partir do século XV, sejam mais conhecidas no exterior, a mais famosa e sagrada das espadas japonesas é uma *tsurugi*. Chamava-se

Kusanagi-no-Tsurugi ("espada corta-grama") ou *Ame-no-Murakumo-no-Tsurugi* ("Espada das Nuvens Reunidas no Céu").

Segundo a lenda, Susanoo, deus das tempestades, encontrou essa espada dentro da cauda da serpente Yamata, de oito cabeças, depois de matá-la (usando outra *tsurugi* mítica, a *Totsuka-no-Tsurugi*) e a presenteou à deusa do Sol, Amaterasu. Esta, por sua vez, deu-a ao neto Ninigi-no-mikoto quando lhe ordenou reinar sobre o futuro Japão. A família imperial japonesa, fundada por Jimmu Tenno, bisneto desse deus, a teria herdado e ela se tornou, ao lado do pingente de jade *Yasakani-no-magatama* e do espelho *Yata-no-kagami*, um dos três símbolos do império.

O 10º imperador, Sujin, teria construído um santuário para abrigá-la. Ao expandir o território do império a partir de seu núcleo original, o herói Yamato Takeru, filho de Keiko, o 12º imperador, a teria usado para cortar o mato incendiado pelas tribus ainu que resistiam à conquista. Daí o nome *Kusanagi*, "corta-mato". A espada original desapareceu, porém, no combate naval de Dan-no-Ura, em 1185. Quando a imperatriz-avó Niidono viu que a batalha estava perdida, tomou nos braços o imperador de oito anos, Antoku Tenno, junto com a espada que ele segurava, e jogou-se ao mar. Foi substituída por uma réplica, que tem cerca de 87 centímetros e 1,35 quilo.

Uma terceira espada famosa do Japão é a *Nanatsusaya-no-Tachi* ("espada de sete ramos"), uma peça de ferro peculiar de 74,9 centímetros com seis protrusões em forma de ramos que saem da lâmina central É guardada no mesmo santuário xintoísta Isonokami de Nara que abriga a réplica da *Kusanagi*. Foi presenteada ao Imperador do Japão pelo príncipe herdeiro do reino coreano de Baekje no século IV. Há réplicas na Coreia, onde é chamada *Chiljido*.

Os árabes, embora sejam mais conhecidos pelas cimitarras, usaram espadas retas, conhecidas como **saif**, desde os tempos pré-islâmicos. Os cavaleiros árabes passaram a preferir a cimitarra no século XIV, mas a espada reta de dois gumes continuou a ser usada por guerreiros a pé e como símbolo de status de nobres e príncipes. Tipicamente, tem guarda em forma de pequenas asas, comprimento de 1,03 metro e peso de 1,2 quilo.

A mais famosa dessas espadas foi *Zulfiqar* ("bipartidora"), supostamente presenteada por Maomé ao seu genro Ali. Este a teria usado na batalha de Uhud (625 d.C.), que decidiu a vitória do Islã sobre o paganismo em Meca e com ela teria partido ao meio, com um só golpe, o chefe inimigo Amr ibn Abdawud, junto com seu escudo e armadura. Zulfiqar teria sido usada por Hussein, filho de Ali, na batalha de Karbala na qual foi esmagado pelos Omíadas, mas herdada por seus descendentes, os imãs xiitas, até o desaparecimento do último, Al-Mahdi, em 873 d.C. O nome provavelmente está ligado à façanha, mas geralmente é representada como tendo uma ponta bifurcada. Hoje, é um dos símbolos do Islã.

Na Índia, espadas retas de dois gumes são usadas desde 600 a.C. e mencionadas nos épicos indianos. A **khanda** é uma espada longa e pesada, de dois gumes e lâmina de ponta rombuda, que se alarga na direção da ponta. Os rajputs, casta guerreira do norte da Índia, a veneram como símbolo de Shiva e a religião sikh faz dela seu principal símbolo. Embora os rajputs preferissem a *talwar* (semelhante à cimitarra) na batalha, conservavam a khanda como arma de último recurso. Segundo a tradição, um rajput que perdesse o cavalo e fosse cercado pelo inimigo devia puxar a khanda e lutar até o fim, balançando-a sobre sua cabeça e levando consigo quantos inimigos pudesse. Tem 1,1 metro de comprimento e pesa 1,8 quilo.

A espada **pata** (*patta*, palavra derivada do português "pata"), usada pelos mughals a partir do século XVI e pelos marathas a partir do XVII, era uma espada reta de ponta e dois gumes integrada a uma manopla de ferro que cobre a parte superior e as laterais da mão e do antebraço. As lâminas têm 25 centímetros a 1,15 metro e somam-se a uma manopla de 30 centímetros; com lâmina de 95 centímetros, o peso é de 1,5 quilo. Os guerreiros marathas lutavam com uma pata em cada mão ou com uma pata e outra arma (lança ou machado).

A **gupti** ("escondida") é uma espada indiana de lâmina reta e estreita disfarçada dentro de uma bengala ou muleta, como a espada de estoque ocidental. Quando usada por rajás indianos era chamada **zafar takieh** ("almofada da vitória") ou **gupti aga** ("escondida do soberano"): ao conceder audiência sentado numa almofada, o rajá apoiava a mão numa dessas bengalas. Como bengala, tem comprimento total de 80 centímetros. Ao ser sacada da bainha (geralmente de metal), a espada tem 55 centímetros (lâmina de 40) e 800 gramas.

Espadas africanas

Na África, a **takoba** era a espada típica dos tuaregues, povo nômade do Saara, berbere e muçulmano. Seu formato, provavelmente originário da Espanha da época dos Almorávidas (dinastia berbere que governou partes da Península Ibérica e do Saara no século XI) é semelhante ao das espadas ocidentais. Tem cerca de um metro e pesa 700 gramas.

Muito semelhante, a **kaskara** era típica do atual Sudão. Tem 1,04 metro e um quilo.

Espadões
(espadas de dois gumes para duas mãos)

O nome genérico em português para uma espada feita para ser usadas com duas mãos é **espadão** (*longsword*), também **montante** ("que monta, que sobe") porque a maneira tradicional de usá-la é golpeando o adversário pelo alto. Os antiquários do século XIX popularizaram o nome *bastard sword* ("espada bastarda"), originalmente usado para qualquer espada que não fosse das formas clássicas, nome pelo qual é hoje mais conhecido em RPGs. Um nome mais exato, apesar de também anacrônico (usado só a partir do fim do século XIX), é **espada de mão-e-meia** (*hand-and-a-half sword*) por ter medidas intermediárias entre a espada clássica e os montantes ou espadões maiores usados mais tarde.

Espadas com empunhadura grande o suficiente para se usar com as duas mãos raramente foram vistas na Alta Idade Média. Tornaram-se um tipo regular de espada apenas no século XIV, ou seja, já na Renascença, a partir da Guerra dos Cem Anos, quando se tornaram comuns as armaduras de placas contra as quais as espadas tradicionais eram ineficazes.

Um típico espadão tem guarda em cruz, lâmina de 85 centímetros a 1,2 metro com largura de 5 a 6 centímetros na base, ponta aguçada, comprimento total de 1,2 a 1,5 metro e peso de 800 gramas a 1,8 quilos. A empunhadura tem vinte a trinta centímetros, para ser manejada com as duas mãos e a lâmina tem uma parte cega (sem corte) próxima à empunhadura, chamada "ricasso", às vezes grande o suficiente para ser segurada com a outra mão para um golpe mais forte e preciso, principalmente ao se buscar brechas nas armaduras, como na garganta e axilas. Eram usadas em bainhas presas à cintura, não às costas, como às vezes se mostra nos filmes. Espadas europeias grandes demais para serem levadas na cintura, que chegaram a ser usadas mais tarde, eram carregadas ao ombro, como se fossem lanças ou alabardas.

Uma variante do espadão é a espada escocesa conhecida em inglês como **claymore** (do gaélico *claidheamh mòr*, "espada grande"). Esse nome só foi usado, porém, no século XVIII: quando essa espada foi efetivamente usada, de 1400 a 1700 (principalmente em guerras entre clãs), era chamada *claidheamh dà làimh*, "espada de duas mãos". As mais antigas são semelhantes a outras "espadas bastardas", mas depois passaram a ser um pouco maiores, com guarda em V (que ajuda a proteger a mão quando segura o ricasso) e braços terminando em trevos de quatro folhas. Estas últimas têm de 1,2 a 1,4 metro de comprimento total, com lâmina de 1 a 1,15 metro e peso de 2,2 a 2,8 quilos.

Há no Monumento Nacional a Wallace, perto de Stirling, na Escócia, um espadão que teria pertencido ao herói nacional escocês William Wallace e sido usada em batalhas da Guerra da Independência Escocesa em 1297 e 1298, mas é improvável que seja autêntica. Especialistas acreditam que sua lâmina seja do século XV, ainda que possa ter sido feita com fragmentos de lâminas mais antigas. Foi atestada em documentos pela primeira vez em 1505, quando a empunhadura, cinto e bainha foram refeitos. Tem 1,68 metro de comprimento total (lâmina de 1,32 metro) e pesa 2,7 quilos. Segundo a lenda, a bainha, o cinto e o forro do punho originais teriam sido feitos com a pele de Hugh Cressingham, um dos comandantes ingleses na batalha de Stirling (1297). A espada realmente usada pelo personagem histórico foi provavelmente menor e de tipo mais tradicional.

A espada usada no filme *Braveheart*, que conta a história de Wallace, é diferente tanto das usadas na época quanto da conservada no monumento. Tem um ricasso forrado de couro, que foi usado em montantes alemães do século XVI, mas não em espadas do século XIII, com o objetivo de facilitar ao ator usar as técnicas de esgrima com montantes (anacrônicas). Mais fora da realidade ainda, naturalmente, são as cenas de arremesso da espada. Segundo a lenda, os escoceses arremessavam uma espada no início da batalha, mas não para tentar atingir um inimigo e sim para anunciar que estavam prontos para a luta.

Mesmo quando ambienta suas histórias na Alta Idade Média real ou fantástica, o cinema tende a preferir essas espadas, mais vistosas, às espadas menores de fato usadas na época, assim como também prefere exibir imponentes armaduras de placas às cotas de malha que eram as melhores proteções geralmente disponíveis antes do ano 1000. Excalibur aparece em muitos filmes como um espadão. Idem quanto a **Andúril**, a espada de Aragorn em *O Senhor dos Anéis* que teria sido forjada com os pedaços de **Narsil**, a espada que cortara o dedo de Sauron (ideia que, como a do próprio anel, foi tomada da lenda de Sigurd/Siefried e sua espada Gram/Baldung). A versão usada no filme de Peter Jackson tem 1,34 metro e pesa 2,4 quilos.

No início do século XVI, os espadões tornaram-se ainda maiores, mas deixaram de ser armas de cavaleiros com armaduras e passaram a ser usadas principalmente por mercenários a pé, sem armadura, para defender muralhas e romper fileiras inimigas de lanças e piques. Eram vistas mais como uma variedade de arma de haste que propriamente como espada. A partir de meados do século XVI, tornaram-se obsoletas como armas de guerra, embora continuassem a ser usadas até o final do século em duelo e esgrima.

Os RPGs chamam essa segunda classe de "**montantes**", em inglês *greatsword* ou *two-handed sword*, do alemão *Zweihänder* ("de duas mãos"). Na história real, foram usadas apenas de 1490 a 1550. Os mercenários alemães que as usavam eram chamadas *Doppelsöldner* ("duplo soldo"), porque ganhavam o dobro dos soldados comuns. Grandes demais para serem levadas numa bainha, eram levadas sobre o ombro, como uma lança ou alabarda. A empunhadura tinha 30 a 45 centímetros, ainda mais longa que a do espadão, porque o manejo exigia que as mãos ficassem afastadas uma da outra. A lâmina tinha 1,2 a 1,5 metro e o comprimento total ia de 1,5 a 2 metros. O ricasso era frequentemente protegido por uma guarda menor e às vezes forrado com couro. O peso total variava de dois a quatro quilos.

Uma variante dessa espada era caracterizada por uma lâmina de forma ondulada, que visava melhorar a capacidade de penetração em armaduras ao reduzir a superfície de contato. Era chamada em português **tarasca** (de Tarasca ou Tarasque, monstro mitológico medieval), hoje também **flambérgia** (*flamberge* em francês e inglês, *Flammenschwert* em alemão).

No século XVII, foram feitos espadões cerimoniais ainda maiores, para serem carregadas em desfiles, que chegavam a 2,5 metros de comprimento total e 6,8 quilos.

No Oriente, alguns sabres chineses e as catanas japonesas, assim como seus similares coreanos, eram empunhados com as duas mãos, mas espadas retas de duas mãos foram incomuns. Uma delas foi a chinesa **shuangshou jian** ("espada de duas mãos"), que normalmente tinha comprimento total de 1,23 metro e pesava cerca de 1,3 quilo.

Espadas de estocada

Algumas espadas de um só gume e muitas espadas de dois gumes são feitas tanto para cortar quanto para estocar, mas espadas feitas unicamente, ou quase, para estocada foram raras antes da Idade Moderna. Foram concebidas principalmente para uso civil, tirando partido da ausência de armaduras para permitir o máximo de agilidade com uma lâmina muito estreita e leve, com centro de gravidade concentrado na mão do espadachim.

O **estoque** (*estoc* ou *tuck*) é o mais antigo precursor dessas espadas no Ocidente. Totalmente sem corte, tinha guarda em cruz e lâmina suficientemente fina para a ponta afiada achar passagem entre as placas de uma armadura ou através de uma cota de malha. Foi usada por cavaleiros e depois por peões para atacar guerreiros com armadura na Renascença (séculos XIV e XV). O tamanho variava de 1,17 metro (com lâmina de 91 centímetros) e 900 gramas, para uma mão a 1,57 metro (com lâmina de 1,32 metro) e dois quilos, para duas mãos.

A **espada de caça** (*hunting sword*) foi uma espécie de híbrido entre lança e espada. Foi usada a partir do século XIV, para caçar javalis, servia principalmente para estocar, mas também podia cortar com a ponta em forma de ponta de lança com cerca de 30 cm de comprimento, atravessada na base por uma pequena barra transversal cuja função era impedir que o animal furioso continuasse a carregar enquanto era estocado. Tinha cerca de 1,38 metro e pesava 2,55 quilos.

A verdadeira ancestral das espadas modernas de estocar é, porém, a **espada ropera** (por ser usada com roupas civis) espanhola, que surgiu para uso civil em meados do século XV e foi usada até meados do XVI. De seu nome derivou o francês *rapier* (rapieira).

Na Itália, era chamada *spada da lato*, na Alemanha, *Seitschwert*. Tinha cerca de um metro e 1,2 quilo.

Os ingleses continuaram a usar variantes dessa espada até o fim do século XVI, como uma tentativa de combinar habilidade de corte e perfuração enquanto a tradição resistiu à novidade das armas puramente perfurantes. Essas espadas inglesas foram chamadas pelos antiquários de *sword-rapier* ("espada-rapieira").

A verdadeira **rapieira** ou **verdugo** (inglês e alemão *rapier,* francês *rapière*) distinguia-se pela guarda em cesto, que protegia melhor a mão que a antiga guarda em cruz e dificultava tentativas do adversário de desarmar o usuário. Surgiu para defesa pessoal, sem uso de escudo pesado ou armadura. O tipo clássico foi usado de 1560 a 1640, geralmente na companhia de uma adaga de aparar com o mesmo tipo de punho em cesto, usada com a mão esquerda (e chamada, em francês e inglês, de *main-gauche*).

O nome foi dado a posteriori, para distingui-la de outros tipos de espadas: em seu tempo, era apenas "espada", sendo também apelidada em português de "verdugo". Podia ter a lâmina com gumes em toda a extensão, só na metade da frente ou só na ponta. Os esgrimistas da escola italiana chamavam de *forte* (em italiano) a metade traseira da lâmina, geralmente sem gume e usada para aparar, enquanto a dianteira, geralmente com gume e mais frágil, usada para atacar, era a *debole* (débil ou fraca). No estilo clássico, tinha 1,1 a 1,2 metro de comprimento com lâmina de um metro e pesava 1,1 a 1,3 quilo.

Vale notar que o uso de rapieiras pelos portugueses em *Xochiquetzal*, de Gerson Lodi-Ribeiro, é anacrônico. Embora substituíssem o escudo medieval pela adaga de mão esquerda, os navegadores portugueses e conquistadores espanhóis do século XV e início do XVI usavam espadas caranguejas ou espadões, com lâmina larga e guarda em cruz, em S ou em D (um espadão de 1,73 metro é conservado em Portugal como tendo pertencido a Vasco da Gama). Mesmo no auge, as rapieiras não eram normalmente usadas em batalha, mas na defesa pessoal e civil. Entretanto, foram comuns nas mãos de bandeirantes, aventureiros e proprietários nas colônias europeias da União Ibérica.

O ***bilbo*** (de Bilbao, cidade da Espanha onde eram fabricados) era uma rapieira típica da Espanha, mas muito exportada para a

Inglaterra. Com guarda em conchas, era mais curta que a rapieira francesa – um metro de comprimento total (lâmina de 85 centímetros) e um quilo. Foi fabricada do século XVI ao XIX.

Por volta de 1600, foi popular a **colubrina** (de "cobra"), chamada em francês *flammard* ou *flambard* e hoje também conhecida como **flambérgia-rapieira** (*flamberge-rapier*), com lâmina ondulada, supostamente mais mortífera e de estocada mais dolorosa. Ao ser usada para aparar, devia produzir uma vibração incômoda na espada do oponente.

De 1630 a cerca de 1720, predominaram rapieiras mais leves e estreitas, menos resistentes mas mais adequadas para manobras ágeis sem o uso da adaga de aparar, geralmente com guarda em copo (não em cesta). É a arma historicamente adequada a Cyrano de Bergerac, a Julie, La Maupin, a legendária atriz e espadachim cuja carreira se estendeu de 1686 a 1707, aos mosqueteiros dos romances de Alexandre Dumas e a William Laport ou Guillen Lombardo, irlandês que viveu no México entre 1643 e 1659 e teria inspirado o Zorro original da ficção. Com 1,1 metro, essa versão pesava cerca de um quilo. Alguns esgrimistas preferiam uma rapieira mais longa, com até 1,37 metro e 1,2 quilo, mas a vantagem do maior alcance provavelmente não chegava a compensar a dificuldade maior de manejá-la.

No teatro e nos filmes de capa-e-espada, é comum usar uma "rapieira" com guarda em copo, mas lâmina ainda mais estreita e leve, semelhante à dos espadins e espadas de esgrima do século XIX, para maior conveniência dos atores, treinados apenas (se tanto) na esgrima esportiva moderna. Essa espada fictícia é tecnicamente chamada "rapieira-espada" (*rapier-epee*) ou "**mosqueteira**" (*musketeer*). Tem 1,1 metro e pesa 800 gramas.

A **colimarda** (*colichemard*, em inglês e francês) foi uma espada estreita usada no final do século XVII e início do XVIII. Tinha uma lâmina mais fina na parte dianteira (o "debole") e mais larga na base (o "forte"), de forma que fosse mais leve e ágil que uma rapieira, mas também fosse capaz de apará-la sem risco de quebrar. Foi abandonada depois que espadas mais pesadas, como a rapieira, caíram totalmente em desuso. Tinha 1,1 metro e pesava 850 gramas.

A **espada militar** (em inglês *spadroon*, em francês *épée anglaise*) é uma espada reta de lâmina estreita, usada por oficiais do exército e da marinha, que surgiu na Inglaterra nos anos 1780 e foi depois usado em outros países, caracterizada por uma guarda em estribo decorada com três a sete bolas em cada guarda, sendo por isso conhecidas em inglês também como *five balls*. Geralmente de um só gume, ou com um gume no primeiro quarto do contrafio. Tinha 80 a 98 centímetros de comprimento (67 a 82 de lâmina) e pesava 570 gramas.

O **espadim** ou **faim** (*smallsword*) surgiu por volta de 1650 e suplantou a rapieira no século XVIII. Usada até 1830 como arma de defesa pessoal, tornou possível a ágil e elegante esgrima moderna. Nunca era usada para cortar, mas a lâmina possuía gume, para evitar que o oponente a agarrasse. Com 1,1 metro de comprimento, pesava 770 gramas e tinha uma guarda em estribo. É historicamente adequada ao Zorro da Disney, cujas aventuras se passam entre 1806 e 1835.

A **espada de duelo** (*duelling sword*) era semelhante, mas abandonou totalmente o gume em favor de uma lâmina mais resistente.

A moderna **espada de esgrima** (*épée* em inglês e francês) é semelhante, exceto que tem guarda em copo, a lâmina não tem corte e a ponta é substituída por um botão plástico ou sensor. As dimensões regulamentares para adultos são 1,1 metro de comprimento (90 centímetros de lâmina), com peso máximo de 770 gramas (a maioria pesa 350 a 450 gramas).

O **espadim de cerimônia** ou **espadim de corte** (*dress sword, town sword* ou *court sword*) é uma versão reduzida e decorativa do espadim, mais leve e cômoda, apropriada para ser usada na cidade e em ocasiões sociais. Foi comum de cerca de 1700 até o início do século XX, para fins cerimoniais. Alguns eram peças de joalheria finamente trabalhadas e frequentemente a lâmina era sem corte, ou mesmo substituída por uma barba de baleia. Em média, tinham 80 centímetros de comprimento e pesavam 500 gramas. Atualmente, espadins simbólicos são conferidos a oficiais militares na sua graduação, assim como outras espadas em miniatura, de qualquer formato. Na Academia Militar de Agulhas Negras, por exemplo, confere-se o "espadim de Caxias", que é uma miniatura de 60 centímetros do sabre usado pelo Duque.

O **florete** (*foil* em inglês, *fleuret* em francês) é uma versão menor, mais leve e mais flexível da espada de esgrima, usada como arma de treinamento desde meados do século XVIII e que hoje é a arma mais comum da esgrima esportiva. Tem comprimento de até 1,1 metro (lâmina de 90 centímetros, com botão de plástico na ponta) e pesa, no máximo, 500 gramas. Em muitos textos em português, "florete" é também uma tradução imprópria de *rapier* ou *rapière* (rapieira ou verdugo) uma arma de lâmina bem mais pesada e eficaz: a única semelhança é (às vezes) o uso do mesmo tipo de guarda em "copo de tigela", com a chamavam os portugueses.

A **Pariser** ("parisiense", em alemão) é um florete com ponta aguçada e guarda em disco, usado na esgrima acadêmica (*Mensur*) de estudantes da Europa Central e Oriental, apesar dos riscos de ferimento e morte (geralmente por perfuração do pulmão, às vezes do olho). De meados do século XIX ao início do século XX, conseguir uma cicatriz no rosto, de preferência na têmpora esquerda, às vezes, mais desastradamente, no queixo ou bochecha, era praticamente obrigatório como marca de virilidade e distinção nesses países. Estudantes propositalmente deixavam-se cortar e costurar grosseiramente o corte, para garantir uma *Schmiss* vistosa – daí o clichê do aristocrata ou oficial alemão com cicatriz no rosto. A *Mensur* ainda é uma tradição em grêmios acadêmicos alemães, embora hoje as cicatrizes sejam tratadas de maneira a serem pouco visíveis. Usam-se também a **Korbschläger**, com guarda em cesto e a **Glockenschläger**, com guarda em estribo, que são variantes da espada de duelo e têm gume cortante.

A **bengala de estoque** (*swordcane*) é uma arma de defesa pessoal de burgueses do século XIX e início do XX. A madeira abaixo do cabo da bengala é na realidade uma bainha de madeira para uma lâmina pontuda, semelhante à de um espadim. A bengala montada tem cerca de 92 centímetros e pesa 900 gramas; desmontada, resulta num espadim de 75 centímetros e 450 gramas, mais uma bainha de 450 gramas e 75 centímetros que pode ser usada como porrete.

Espadas de lâminas complexas

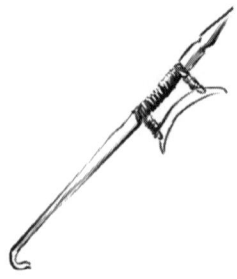

Certas culturas criaram "espadas" peculiares, que têm várias lâminas com ou sem gume, geralmente por razões mais simbólicas do que práticas.

A **espada-gancho** (*gou* ou *shuang gou*, "gancho duplo"), uma das 18 armas clássicas das artes marciais chinesas, tem uma lâmina reta como a de uma *jian*, com dois gumes, mas que termina em gancho. Além disso, a empunhadura termina numa adaga perfurante e é protegida por uma guarda cortante em forma de crescente, paralela ao punho, que pode ser usada também para aparar. É normalmente usada em pares na arte marcial *baguazhang*, e duas espadas podem ser encadeadas pelos respectivos ganchos, para maior alcance. Podem ser usadas para atacar a perna do inimigo, ou de seu cavalo, ou ainda para travar a arma do oponente com um dos ganchos enquanto se ataca com o outro, mas facilmente fere o próprio usuário. Em média, têm 85 centímetros de comprimento e pesam 700 gramas cada uma.

A **espada pé-de-galinha** (*ji dao lian*, "galinha-sabre-foice") é uma arma usada na arte marcial *xingyiquan*. Assemelha-se à espada-gancho, com lâmina e guarda semelhante à da *jian*, acrescentada de um esporão atrás do gancho principal. Tem 80 centímetros.

O **sabre sol-lua** (*riyue dao*) é uma arma formada por uma barra que serve de empunhadura, com guardas em meia-lua de cada lado e lâminas curvas e cortantes em cada ponta, lembrando duas espadas-gancho encadeadas e modificadas. O uso desta difícil espada é ensinado como um treinamento em equilíbrio, mas é pouco prática em combate real. No ataque frontal, o usuário segura na barra e golpeia para a frente; no lateral, gira o sabre segurando a barra do sabre por um dos lados, com ambas as mãos e no bilateral, segura o sabre e o faz oscilar, golpeando em qualquer dos lados, para frente ou para trás. Tem 1,3 a 1,4 metro de comprimento e pesa 1,3 a 1,8 quilo.

O fictício **betleH** ou **bat'leth** dos klingons de Jornada nas Estrelas (*Star Trek*) é um sabre sol-lua estilizado no qual as guardas se unem para formar uma só lâmina. Segundo a série, é forjada a partir do minério baakonita e foi criada pelo herói Kahless, o Inesquecível, ao mergulhar um chumaço de seus cabelos na lava de um vulcão e a seguir na água de um lago, torcendo-o em seguida para formar a lâmina, sendo a original venerada como uma espada sagrada. Réplicas vendidas no comércio têm 1,2 a 1,3 metro de comprimento e pesam 3 a 5 quilos (há também "miniaturas" de 1 metro e 1,6 quilo).

A **meia-lua** (*riyue qiankun jian*, literalmente "espada céu-terra sol-lua"), **machadinha dupla** (*ziwu yuanyang yue*, literalmente "machadinha patos-mandarins-macho-fêmea meia-noite-meio-dia") ou **sabre chifre de veado** (*lujiao dao*) é uma arma também usada em pares no *baguazhang*, cada uma do par formada por dois crescentes de aço sobrepostos, o que deixa quatro pontas cortantes. Um dos crescentes é forrado e serve para segurar, enquanto outro (às vezes maior que o primeiro) serve para cortar e como guarda. Na luta, procura-se usar uma "machadinha" para travar a arma do oponente enquanto a outra o golpeia. Cada uma delas tem 30 a 35 centímetros de comprimento e pesa 300 gramas.

A **roda-espada** (*feng huo lun*, "roda fogo e vento") é uma variante da meia-lua na qual o crescente pelo qual se segura é substituído por um círculo fechado do qual saem pequenos raios, dando-lhe a aparência de um sol. É usada também em pares, cada uma pesando 550 gramas, com 38 centímetros de diâmetro.

A **kpinga** é usada pelo povo mambele ou *zande* (plural *azande*) que vive na região entre o Congo Kinshasa, sul do Sudão e República Centro-Africana e por seus vizinhos mbaka, bagirmi (que a chamam *njiga*), musgu (*goleyo*) e margi (*danisco*). Tem uma lâmina de formato variável e tortuoso, com várias pontas e gumes e esporões, que pode ser usada para prender e afastar o escudo do inimigo enquanto abre caminho a um golpe de azagaia, golpear contornando o escudo ou como arma de arremesso, mas é sobretudo um emblema de prestígio, poder e status. O tamanho varia de 45 a 70 centímetros e 400 gramas a 1,15 quilo.

Nos EUA, uma variante da *kpinga* foi comercializada com o

nome de *hunga-munga* e usada pela caçadora de vampiros da série *Buffy*. Uma versão chamada *Hakarr* é usada pelos Bastet (homens-felinos) do RPG *Lobisomem: O Apocalipse*, da White Wolf. Uma das fictícias armas "tradicionais" dos klingon, o *meq'leth*, é também semelhante à *kpinga* e suas réplicas comerciais têm 50 centímetros e pesam 2,5 quilos.

Armas articuladas e flexíveis

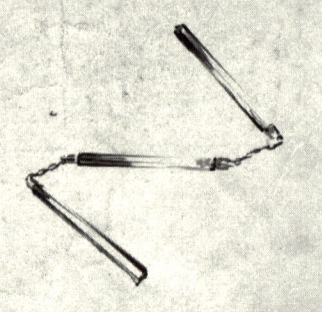

Chicotes

Chicotes (*whip*) propriamente ditos, de couro ou bambu, foram usados para conduzir e domar animais ou como meio de punição e tortura, mas raramente como arma.

Uma exceção é o ***sjambok*** ou ***litupa*** (chicote em Angola) que foi usado na África para punir escravos e nativos, mas hoje é adotado pela polícia da África do Sul para controlar tumultos, além de ser usado para conduzir gado e como defesa contra cobras e cães. Tradicionalmente feito de couro de hipopótamo, hoje geralmente é de plástico. Tem 90 centímetros a 1,5 metro de comprimento, com espessura de 25 milímetros na base a 10 milímetros na ponta e uma empunhadura de 26 centímetros. Um *sjambok* de 1,37 metro pesa 400 gramas.

O ***ekor pari*** ("rabo de arraia") é um chicote de corda, enrolado na cintura sob o sarong, usado como arma na arte marcial indonésia *pentjak silat* e popular principalmente entre mulheres. Uma corrente usada da mesma maneira é chamada ***rantai***.

Uma arma flexível semelhante ao chicote é a ***urumi***, uma lâmina de aço fina como papel, flexível como chicote e afiada como navalha, usada no *kalari*, arte marcial característica do estado de Kerala, no sul da Índia. Tem em torno de 1,7 metro e pesa meio quilo. É difícil de usar, mas fácil de esconder, pois pode ser enrolada na cintura, debaixo da roupa.

O ***bian***, arma articulada semelhante ao chicote, é usado em artes marciais chinesas como o *wushu*. É uma cadeia flexível de hastes de metal ligadas por anéis, com um cabo de madeira para empunhar e um dardo pontudo na extremidade. Há três tipos: *sanjiebian* (três hastes), *qijiebian* (sete hastes) e *jiujiebian* (nove hastes). O comprimento chega a 1,75 metro.

Manguais e derivados

Várias armas derivam do mangual, um instrumento agrícola com que se malham cereais para debulhá-los e que consiste em um pau comprido e fino (o mango, com cerca de 1,5 metro), que serve de cabo, ligado por uma correia de couro (o inçadouro) a um outro, curto e grosso (o pírtigo, com meio metro a um metro), que percute as hastes ou espigas (de trigo, arroz, cevada, milho etc.), espalhadas no chão para retirar-lhes os grãos. O símbolo do faraó era um mangual cruzado com um cajado de pastor, representando o poder de prover cereais e carne.

No Ocidente, esse instrumento agrícola certamente deu origem à arma chamada também de **mangual** ou **mangual-d'armas** (inglês *flail*, francês *fléau d'armes*, alemão *Kriegsflegel*). A diferença está em que a versão militar, muito usada por camponeses rebeldes e mercenários da Renascença, costuma ter o bastão menor cravejado por farpas ou pontas de metal e ligado ao maior por uma corrente de ferro, em vez de correia de couro. Foi usado também na África do Norte, por árabes e berberes. Assim como a versão agrícola, essas armas pesam em torno de quatro quilos.

O **chicote-d'armas** (inglês *morning star*, francês, *scorpion*, alemão *Kettenmorgenstern*, "estrela da manhã de corrente"), frequentemente confundido com o mangual, é uma bola de ferro de até dez centímetros de diâmetro, eriçada de pontas e ligada por uma corrente de 30-50 centímetros a uma haste longa (1,8 metros na infantaria, 70 centímetros a um metro na cavalaria), pesando três ou quatro quilos. Teria sido usada na Suíça e Alemanha, na Baixa Idade Média e Renascença.

Uma variante aparentemente ainda mais perigosa (tanto para o alvo quanto para o usuário) é chamada em francês ***goupillon*** ("hissopo", utensílio eclesiástico de aspergir água benta) e formada por duas ou três bolas de ferro menores ligadas ao mesmo cabo. Diz uma lenda que foi usada pelo rei João I da Boêmia, que ficou cego aos 40 anos, mas fazia questão de ir à guerra, atacando para todos os lados (e morreu em combate).

O **changxiaoban** chinês é um bastão curto (47 centímetros) ligado a um longo (1,87 metro) por uma corrente longa e foi tradicionalmente usado pelo templo Shaolin na China. Na Coreia, usou-se o **pyeongon**, com bastão longo de 2,5 metros e curto de 62 centímetros, ligados por uma corrente de 32 centímetros ou um único elo grande e forte e o **mansang pyeongon**, de cavalaria, com 2 metros de comprimento e pírtigo de 50 centímetros. O diâmetro das hastes era de 4 a 5 centímetros, mas nas versões modernas de artes marciais é 3 centímetros.

Uma arma japonesa semelhante é o **chigiriki**, um bambu ou barra de ferro, de 1,2 metro, ligado a um peso de uns 9 centímetros por uma corrente de cerca de 76 centímetros, pesando um total de 1,35 quilo.

Há também armas que se parecem com um mangual em miniatura e talvez derivem dele. A mais conhecida é o **nunchaku** de Okinawa, constituído de dois bastões de 20 a 40 centímetros cada um, ligados por uma corda ou corrente de quatro ou cinco centímetros, cujo nome parece derivar de uma pronúncia regional de *changxiaoban*, mas segundo outras versões seria derivado de um chocalho de madeira usado por vigias noturnos como aviso ou de um freio de cavalo. A versão coreana chama-se **julbong**. O **tabak-toyok** das Filipinas é semelhante, mas tem bastões mais curtos (10 centímetros) e corrente mais longa (15 centímetros). O **sanjiegun** chinês, chamado **sansetsukon** no Japão, é feito de três bastões ligados da mesma maneira.

Cordas e correntes

O *liuxing chui* ("martelo-meteoro") chinês é formado por duas bolas de ferro com flanges, ligadas por uma corda ou corrente de dois metros, ou uma só bola, de até três quilos, na ponta de uma corda ou corrente de 3,6 metros.

Na mesma família de armas, encontram-se também o ***sheng biao*** ("dardo de corda"), em japonês ***johyo***, que é um dardo de aço de 16 a 20 centímetros na ponta de uma corda de 3 a 5 metros, para ser girado ou arremessado, e o chinês ***fei gou*** ("gancho voador") ou ***fei zhua*** ("garra voadora"), uma garra ou gancho de abordagem preso a uma corrente, ligada a uma corda, que é usado tanto para golpear quanto para superar obstáculos. O japonês ***manriki-gusari*** ("corrente de dez mil poderes") ou ***kusari-fundo*** ("corrente-peso") japonês é uma corrente de 30 centímetros a 1,2 metro com pesos de 60 a 120 gramas em cada ponta, usada como arma não letal, para imobilizar o inimigo. O ***surujin*** de Okinawa é semelhante, formado por uma corda ou corrente leve de 2 a 3 metros com pesos nas pontas.

O japonês ***kyoketsu-shoge*** é uma arma ninja constituída de uma faca de dois gumes (de até 40 centímetros), com outra lâmina de faca sobressaindo de sua lateral em ângulo reto, unida a um anel de metal de uns 16 centímetros de diâmetro por uma corda ou corrente de 3 a 6 metros. Tem múltiplas utilidades, que incluem esfaquear, escalar obstáculos, laçar e arrancar a espada do inimigo ou imobilizá-lo.

O ***kusarigama*** ("corrente-foice") japonês é uma pequena foice (40 centímetros, com lâmina de 15 a 30 centímetros), cuja empunhadura se liga a um peso de ferro por uma corrente de 2,5 a 3,6 metros. Foi popular do século XII ao XVII, especialmente na escola ninja *Koka-ryu* e na escola samurai *Isshin-ryu* (especializada no seu uso) e foi usada por personagens históricos populares. A técnica era imobilizar o oponente mantendo-se fora do alcance de sua espada ou lança (usando a corrente como um chicote para prender braços e pernas ou usando o peso para golpear a cabeça e atordoar), para então se aproximar e liquidá-lo com a foice.

A ***vita*** é uma azagaia indiana de 1,5 metro, presa pela extremidade traseira ao pulso do usuário com uma corda de igual comprimento. O usuário a lança com as duas mãos e depois a recolhe com a corda, tenha ou não atingido o alvo. Foi originalmente usada pelos cavaleiros maratha, a partir de 1674.

Bandidos do século XIX também usaram o ***slungshot***, um peso atado numa corda que era levado no bolso, enquanto a corda era amarrada no pulso do usuário.

Os indígenas da Patagônia usavam a **bola perdida**, uma bola simples de pedra dura, do tamanho de um punho (cerca de meio quilo) e atada a uma corda, que era girada para atingir a cabeça de um inimigo e, mais raramente, arremessada como uma boleadeira.

Os filipinos usaram na caça e no combate o **ioiô** (*yo-yo*), uma pedra de dois quilos atada a uma corda de 6 metros. Era lançado contra as patas da presa, para prendê-las (como com uma boleadeira) ou na cabeça de um inimigo. Crianças filipinas costumavam brincar com ioiôs de madeira e foi um filipino, Pedro Flores, que o introduziu no Ocidente nos anos 1920.

Matracas

A **matraca** (*blackjack*), na versão outrora usada pela polícia, era um peso de chumbo forrada de couro, com um cabo flexível, geralmente uma mola forrada de couro e uma correia presa ao pulso do policial. Há também uma versão achatada, conhecida em inglês como *sap* (de *sapling*, "broto, rebento"). Pesam 350 a 450 gramas. Embora fosse supostamente não-letal, foi abandonada pela frequência com que a concussão matava o suspeito. Na versão improvisada por valentões e criminosos dos anos 1930, é um saquinho de pano ou couro ou mesmo uma meia dentro da qual se coloca algo pesado – areia, um pedaço de ferro ou chumbo ou um pedaço de sabão –, para ser girado e balançado contra a cabeça da vítima.

ARMAS DE HASTE

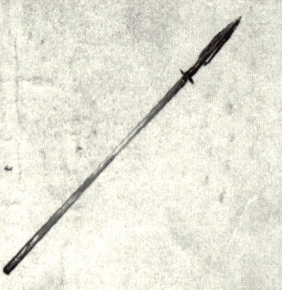

Armas de haste ou armas de fuste (*polearms*, em inglês) são armas brancas com um fuste ou haste longa de madeira ou de metal, com um a vários metros de comprimento e geralmente 25 a 32 milímetros de diâmetro, para ser segurada com ambas as mãos.

Bastões, bordões e varapaus

Paus estão entre as armas mais fáceis de improvisar numa briga e são usadas até por macacos. Uma das armas mais extraordinárias de todas as mitologias é o *Ruyi Bang* ("Bastão dos Desejos") ou *Jingu Bang* ("Bastão dos aros de ouro") do supermacaco Sun Wukong. Segundo o mito chinês, o bastão era de ferro negro com aros de ouro nas pontas, pesava 13.500 *jin* (oito toneladas), podia multiplicar-se, lutar sozinho e mudar de tamanho segundo os desejos do dono, que quando não o estava usando o reduzia ao tamanho de uma agulha e o escondia atrás da orelha. Na tradução japonesa, o macaco chama-se Son Goku e sua arma *Nyoibo*.

Bastões são armas de defesa pessoal frequentes em plebeus, principalmente quando as espadas eram privativas da nobreza ou portá-las não era bem visto em ambiente urbano. Assim como o bordão dos camponeses e o cajado dos pastores, a bengala do cavalheiro vitoriano ou da *Belle Époque* serviu também à defesa pessoal. Embora aos poucos tenha se tornado apenas um acessório elegante, esperava-se que um *gentleman* do século XIX soubesse usá-la para se defender de valentões ou cães hidrófobos e especialistas ensinavam a lutar com bengalas e guarda-chuvas.

Com centro de gravidade no meio e ponto de impacto ideal a um terço do comprimento, varas ou bastões de bambu ou madeira de boa qualidade são armas de impacto moderado, mas nas mãos de um combatente hábil, podem ser surpreendentemente ágeis e versáteis. Há artes marciais para usá-los com eficácia, como o jogo do pau português, o *savate* e a *canne d'arme* francesa, o *gatki* e o *silambam* indianos, o *bojutsu* de Okinawa, o *gun shu* chinês, a *eskrima* das Filipinas, o *bataireacht* irlandês e o *bartitsu* britânico (a arte marcial do Sherlock Holmes de Conan Doyle).

O **varapau** (*quarterstaff*) usado na Inglaterra tem 1,8 a 2,7 metros de comprimento (2,1 a 2,4 metros, nos textos do século XVII) e é de preferência feito de freixo, pesando 1 a 1,5 quilo. O nome inglês provavelmente decorre de ser produzido a partir de madeira cortada ou serrada em quartos, embora a tradição associe o nome à maneira usual de segurá-lo, com uma mão na ponta e outra a um quarto do comprimento (cerca de 45 centímetros). Em certas manobras, pode também ser segurado no meio, com as mãos afastadas cerca de 75 centímetros. No passado, essa arma também era chamada em inglês *short staff*, em contraste com o **long staff** baseado no pique, de 3,4 a 3,7 metros. As primeiras descrições sistemáticas da luta com *quarterstaves* na Inglaterra são do século XIV. Seu uso foi ensinado por esgrimistas a partir do século XVI e no exército inglês dos tempos vitorianos. Era também ensinado a escoteiros nas primeiras décadas do século XX. Um dos seus usos literários mais famosos é na lenda de Robin Hood, notadamente a luta do herói numa pinguela com seu futuro amigo João Pequeno (*Little John*), que devia usar um varapau proporcional a seus 2,1 metros de altura.

O **bo** japonês tem normalmente 1,8 metro (às vezes até 2,7). A versão coreana chama-se **jangbong** e tem 1,8 a 2,2 metros, com 3 centímetros de diâmetro. O *bangkaw* ou *sibat* filipino também tem 1,8 metro.

Para o **pau** usado no "jogo do pau" português, recomenda-se que tenha no mínimo a medida que vai do solo ao nível do nariz (cerca de 1,5 metro) e geralmente tem a extremidade um pouco mais grossa que a base, com uma média de 3 centímetros, pesando cerca de 600 gramas. Prefere-se a madeira do lódão (*Celtis australis*) ou da castanheira (*Castanea sativa*). É normalmente segurado com uma mão perto da base e a outra afastada a um antebraço de distância. Com uma ponta de metal, torna-se um "pau de ponta" ou quase uma lança.

O **lathi** indiano é um bastão de bambu de 1,5 a 2,4 metros e 900 gramas, usado tradicionalmente em combates rurais e hoje em artes marciais e no controle de distúrbios pela polícia indiana.

O **shareeravadi** é um bastão de bambu de 1,5 metro, usado no treinamento básico do *kalarippayattu*, arte marcial do sul da Índia para simular uma lança.

O **jo** japonês tem 1,2 metro, podendo ser usado com uma ou duas mãos. O *jungbong* coreano tem 1,2 a 1,3 metro e 3 centímetros de diâmetro. O **bastão francês** (*bâton français*) é uma vara de 1,2 metro. O *naboot* ou *asaya* é uma vara de ratã ou palmeira de 1,2 metro usada na arte marcial egípcia *tahtib*.

Uma **cana** (*stick*) ou bengala ocidental tem 95 centímetros. Na Coreia, chama-se *jipang*.

O *hanbo* japonês (meio-bô) tem 90 centímetros. O "jogo do pau" português hoje ensina também o uso de um **bastão** de 80 centímetros, mais aplicável a situações urbanas modernas.

O *eku* ("remo") é um remo estilizado usado como arma em artes marciais de Okinawa, geralmente de madeira leve. Tem cerca de 1,6 metro de comprimento e pesa um quilo.

O *gun* chinês moderno tem 1,6 metro, o *chang gun* (*gun* longo) 2,1 metros e o *bang* cerca de um metro. Tratados de artes marciais da era Ming recomendavam, porém, que o *gun* de madeira tivesse 2,5 a 2,6 metros e pesasse 1,45 a 1,75 quilo, e o *gun* de ferro tivesse 2,3 metros e pesasse 8,8 a 9,4 quilos.

Para os chineses, o varapau ou *gun* era o "avô das armas", porque dele derivam todas as demais, e também uma das quatro mais importantes. As outras são a lança (*qiang*), "rei das armas", o sabre (*dao*), "general das armas", a espada (*jian*), "cavalheiro das armas". Também se fala das dezoito armas clássicas das artes marciais chinesas, que incluem, além dessas quatro, a alabarda (*ji*), o machado de guerra (*fu*), o tridente ou forcado (*cha*), o chicote (*bian*), a maça-espada (*jian*), a maça-martelo (*chui*), a garra (*zhua*), a alabarda-tridente (*tang*), o bastão (*bang*), a muleta (*guai*), o martelo-meteoro (*liu xing*), a lança de cavalaria (*shuo*), a machadinha dos patos mandarins (*yue*) e a espada-gancho (*gou*).

Uma variante do bordão é a muleta, originalmente um bastão com um encosto adaptado à axila para apoio de pessoas com dificuldade para caminhar. Chamado na China de *guai*, tornou-se uma das armas clássicas das artes marciais. A muleta grande, **niu xin guai** ("muleta coração de boi") ou *niu jiao guai* ("muleta chifre de boi"), tem 1,2 a 1,5 metro e um encosto de um dos lados, pesando cerca de 800 gramas.

Lanças

O passo seguinte após se usar um pedaço de pau como arma para golpear é afiar sua ponta. Lanças primitivas são atestadas entre nossos ancestrais desde pelo menos o *Homo heidelbergensis*: armas datadas de 400.000 a.C. foram encontradas no sítio arqueológico de Schöningen, no Norte da Alemanha e provavelmente já eram feitas há muito mais tempo, pois já se observou chimpanzés prepararem armas semelhantes afiando a ponta de um galho com os dentes. Neandertais usaram lanças com ponta de pedra lascada desde 300.000 a.C e por volta de 200.000 a.C. a lhes deram formas mais cuidadas, com gumes talhados em pedra. Pontas de madeira endurecidas pelo fogo foram também usadas, a partir de 250.000 a.C.

A lança é, portanto, a mais primitiva das armas trabalhadas, mas também uma das mais bem-sucedidas. Certamente estiveram presentes em mais guerras e provavelmente decidiram mais batalhas do que qualquer outra arma branca. Junto com a faca de combate e a besta, é uma das duas últimas armas brancas a ter um papel militar significativo, pois uma baioneta calada continua a ser uma lança, mesmo que sua base seja o mais moderno dos fuzis de assalto.

O português **lança** equivale tanto ao inglês *lance* (lança de cavalaria) quanto a *spear* (usada principalmente pela infantaria) e se refere principalmente a armas maiores, usadas principalmente para estocar e às vezes também para cortar, enquanto as menores, mais arremessáveis, são chamadas **azagaias** (*javelins*), ou **dardos** (*darts*) quando são ainda mais leves. Existem ainda as lanças extralongas ou **piques**, usadas apenas em formação.

Com ponta de metal, lanças mais elaboradas foram as principais armas das civilizações da Idade do Bronze e da Antiguidade Clássica – e de muitos dos seus principais deuses, incluindo Zeus (cujo relâmpago era imaginado como lança), Atena e Ares (sempre armados de lança). O herói Aquiles usava o famoso *Peliáda melíen*, "o freixo do filho de Peleu", cuja haste fora confeccionada com um tronco de freixo do monte Pélion. O uso nas lanças fazia do freixo, árvore de madeira dura e resistente mas cuja seiva é doce como melado, uma árvore muito especial. Suas ninfas, as melíades, tinham uma origem diferente das demais ninfas (filhas de Oceano) e dríades (filhas dos Montes): junto com as Erínias, elas teriam nascido diretamente do sangue de Urano que caiu em Gaia (a Terra) ao ser castrado por Crono.

O deus nórdico Odin possuía a lança ***Gungnir***, com a propriedade mágica de jamais errar o alvo. O deus nórdico da guerra, Tyr, também usava lança, assim como as valquírias. A mitologia celta também cita lanças célebres, como a ***Lúin***, usada por vários outros heróis e que teria originalmente pertencido ao deus Lug e a ***Gáe Bulg***, do herói Cuchulainn, que lhe foi dada pela guerreira Scáthach. A lança, segundo uma versão da lenda, foi feita a partir de osso de um monstro marinho, o Coinchenn, e tinha sete cabeças, cada uma com sete farpas (ou, segundo outras versões, 30 farpas). Depois de usada a lança, era preciso cortar a vítima literalmente em pedaços para recuperá-la.

Além da Excalibur, o rei Artur também possuía uma lança com nome próprio, a **Rongomiante** (em inglês *Rhongomyniad* ou simplesmente *Ron*) e São Jorge teria matado o dragão com uma lança chamada **Ascalon**. Mas a arma mais famosa da mitologia cristã é a **Lança do Destino** ou **Lança Sagrada** usada pelo legionário romano Longinus (o São Longuinho do folclore) ao dar o golpe de misericórdia em Jesus. Várias catedrais alegaram possuir essa relíquia, da qual as versões mais famosas (embora sejam claramente lanças medievais e não pilos romanos) estão em Roma e Viena. Esta última foi tomada pelos nazistas após a anexação da Áustria e levada para Nuremberg, sede simbólica de seu partido até a cidade ser tomada pelas tropas dos EUA em 1945, no mesmo dia em que Hitler se suicidou, criando a lenda ocultista de que o possuidor da lança conquistaria o mundo, mas morreria no dia em que a perdesse.

Na Idade do Ferro, nas mãos dos gregos clássicos e dos romanos, as lanças da infantaria tornaram-se as armas mais temíveis da

Antiguidade. Combinando lanças, escudos e soldados bem treinados em formações cerradas e disciplinadas, as falanges gregas e as legiões romanas foram as máquinas de guerra mais bem-sucedidas de seu tempo.

A partir do século VII a.C., as falanges das cidades-estados gregas como Atenas e Esparta eram formadas por hoplitas, soldados-cidadãos que tinham na mão esquerda um escudo (*hoplon*) e na direita a **dory**, uma lança de madeira de freixo que pesava um a dois quilos, com dois a três metros de comprimento e cinco centímetros de diâmetro, com uma ponta de ferro de vinte centímetros numa extremidade e uma ponta de bronze de dez centímetros na outra. Esta última podia servir como ponta de reserva, para liquidar inimigos caídos ou para se fincar nos pés do inimigo em certas manobras de combate. Também carregavam um *xiphos* (gládio) como arma de reserva, caso a lança quebrasse ou o inimigo conseguisse chegar muito perto.

A partir do século IV a.C., Filipe II da Macedônia introduziu outro modelo de falange que tinha como núcleo uma infantaria pesada que usava as **sarissas**, lanças longas de 4,5 a 5,5 metros, pesando 5,5 a 6,5 quilos, formadas por duas peças de madeira de corniso unidas por um tubo de bronze e com uma ponta na outra extremidade, para ser cravada no solo. O soldado precisava das duas mãos para usá-la, mas um *pelta* (escudo de vime, em forma de meia-lua), pendurado ao pescoço, lhe protegia o ombro esquerdo. Alguns dos sucessores de Alexandre no Egito e Macedônia experimentaram usar sarissas ainda mais longas, de até 7 metros, mas acabaram por voltar ao tamanho original.

A cavalaria macedônia usava a lança chamada **xyston**, com 3,6 a 4,2 metros, para estocar o inimigo com uma ou duas mãos: essa era a arma que o próprio Alexandre usava em combate. Tinha duas pontas, podendo ser usada de qualquer dos lados.

A cavalaria pesada dos persas (os *catafractários*, protegidos por uma armadura de escamas), assim como, antes deles, os assírios, citas, sármatas e partas, usavam uma lança chamada pelos gregos de **kontos** (literalmente "remo"), mais pesada que a *xyston*, de 4 a 5 metros e 3 quilos, usada com duas mãos. Foi também adotada pelos cavaleiros romanos (que a chamavam **contus**), por seus sucessores bizantinos, pelos partas e, mais tarde, pela cavalaria islâmica: os árabes a chamavam *quntariya* e os turcos *gönder* ou *rumh* ("romana").

A República Romana originalmente usou a mesma formação em falange dos hoplitas gregos e etruscos e armamento semelhante. Os soldados eram divididos em classes conforme a renda e a qualidade das armas que podiam possuir, pois precisavam adquirir seu próprio equipamento. Os de primeira e segunda classes usavam como arma principal a lança de estocar, a **hasta** (plural *hastae*) que tinha cerca de dois metros e era feita de freixo, com cabeça de aço e também levavam armadura, um escudo pesado e um gládio. Soldados de terceira e quarta classes atiravam azagaias e não tinham outro equipamento salvo, talvez, um escudo leve. Os de quinta classe, com ainda menos recursos, arremessavam pedras usando fundas.

A partir da derrota para os gauleses, que combatiam com unidades menores e mais ágeis, os romanos modificaram a organização de seu exército para torná-lo mais flexível, levando em conta que os terrenos irregulares da Itália central não eram adequados para as falanges tradicionais. Pela reforma do início do século IV a.C., atribuída ao ditador Marcus Furius Camillus, a tropa passou a ser organizada em legiões, cada uma delas dividida em corpos menores: os *hastati*, linha de frente que era a primeira a enfrentar o inimigo, formada por soldados relativamente pobres; os *principes*, intermediários e os *triarii*, força de reserva de cidadãos mais abonados e bem armados, todos dispunham de hasta. Eram apoiados pela cavalaria dos *équites*, ricos armados com lanças; *leves*, uma infantaria ligeira; *rorarii*, arremessadores de azagaias e pelos *accensi*, que usavam fundas.

Durante as Guerras Púnicas, a partir do século III a.C., a necessidade de cada vez mais soldados para enfrentar os cartagineses obrigou a República Romana a reduzir os requisitos de propriedade e renda dos soldados e arcar com seu armamento. As distinções entre *hastati*, *principes* e *triarii* passaram a ser baseadas não em renda, mas em idade e experiência e as armas principais dos legionários das linhas de frente (*hastati* e *principes*) passaram a ser os pilos (lanças de arremesso) e o gládio. Os *triarii*, encarregados da defesa e de manter a ordem quando os ataques falhavam, continuaram a usar a hasta e a formação em falange.

A partir de 107 a.C., o cônsul Gaius Marius voltou a reformar o exército romano. Os legionários deixaram de ser cidadãos convocados por tempo limitado para serem mercenários, que além do soldo recebiam a cidadania, caso não fossem romanos. O equipamento passou a ser totalmente fornecido pelo Estado e *hastati*, *principes* e *triarii* meras designações das linhas de batalha, pois todos os legionários passaram a ser armados como os antigos *principes*, com dois pilos, gládio, escudo retangular e cota de malha. Ao lado dos legionários, lutavam as tropas chamadas *auxilia*, incluindo vélites, équites, especialistas em máquinas de cerco etc., algumas das quais armadas com *hastae* e azagaias. Essa organização continuou a ser usada no império dos Césares, Antoninos e Severos e é a que geralmente é retratada no cinema.

A partir de Diocleciano, no final do século III, os exércitos imperiais passaram a ser constituídos cada vez mais de bárbaros e adotar suas táticas e organização. Os pilos foram substituídos pelo *spiculum* de arremessar, com ponta triangular de 20 centímetros e pela **lancea** (a lança propriamente dita) de estocar e cortar, com uma ponta em forma de folha ou losango e bordas afiadas de aço. Ambos tinham dois metros ou pouco menos.

A infantaria do Império Bizantino usou contra a cavalaria pesada, a partir do século X, uma lança chamada **menaulion** ou **menaulon**, de 2,7 a 3,6 metros, com haste grossa de carvalho ou corniso e uma lâmina de 45 a 50 centímetros. Pesava três a quatro quilos.

Após a queda do Império Romano, a *lancea* ou **lança de infantaria** (*spear*) tornou-se a arma padrão dos soldados a pé na Europa. Era mais econômica, mais rápida de fabricar e mais fácil de usar que a espada, exigia menos força que uma maça ou machado e tinha alcance maior que qualquer dos dois. O tipo característico dos vikings e germânicos tinha cruzeta - uma barra, par de pequenas lâminas ou meia-lua sob a ponta, para impedir a arma de se cravar tão fundo no inimigo que não pudesse ser retirada e para aparar na esgrima entre lanças. O comprimento era de 2 a 2,5 metros e a haste normalmente se afinava da base para a ponta.

O **lanção** (*lanzón*) é uma lança curta (cerca de 1,8 metro) de lâmina grande. Seu usuário mais famoso foi Dom Quixote, que roubou um lanção de uma estalagem onde fora maltratado para substituir a lança de cavalaria herdada dos antepassados que foi destruída nas suas primeiras aventuras. Era arma popular, usada até por camponeses para defender suas vinhas e hortas.

A lança sem cruzeta e com ponta aguda de ferro era chamada **chuço**, talvez uma corruptela de "suíço". As tripulações de navios a vela usavam o **chuço de abordagem** (*boarding pike*), caracterizado pelo tamanho menor, pela haste de diâmetro uniforme e por ter no conto (base) um anel que deixava sobressair a madeira, em vez de ponteira, para o metal não danificar os conveses. Na marinha do Brasil do tempo do Império, os regulamentos militares previam o uso de chuços por um sexto das tripulações dos navios e um manual mais tardio especificava que os porta-cartuchos (serventes dos canhões que transportavam a munição) seriam armados com eles, em caso de abordagem. Saíram de serviço apenas em 1892. Guardas noturnos da Espanha (*serenos*) usaram chuços de 1,5 metro do século XVIII aos anos 1980.

A partir do início da Renascença, a infantaria adotou os **piques** *(pikes)*, chuços extralongos de três a seis metros e quatro a nove quilos. Ao contrário das lanças menores, eram inúteis como armas individuais e no combate corpo-a-corpo, mas usadas em formação disciplinada, eram capazes de barrar o avanço da cavalaria e repetir o sucesso das sarissas macedônicas. Os piques combinados às alabardas puseram um fim à hegemonia dos cavaleiros medievais antes mesmo que as armas de fogo portáteis se tornassem comuns.

O **pique de sovela** (inglês *awl pike*, alemão *ahlspiess*, italiano *candeliere*) foi uma lança usada na Alemanha, Suíça e Boêmia dos séculos XV e XVI, concebida para penetrar armaduras. Era constituída de uma haste de 1,6 a 1,8 metro, com um longo espigão de seção quadrada de um metro ou mais, montado na ponta, logo acima de um guarda-mão circular. Quando não tinham guarda-mão, eram chamados **piques de brecha** (*breach pikes*). Assim como a acha-d'armas, foi usado em torneios por cavaleiros de armadura.

A **lança língua-de-boi** (*ox tongue* em inglês, *langue de boeuf* em francês) é uma lança de lâmina larga, usada para estocar e cortar.

A **partasana** (*partigiana* em italiano, *partisan* em inglês, *pertuisane* em francês) é uma arma de haste terminada em ponta, atravessada perpendicularmente por um ferro em forma de meia lua, com gume em direção a ponta. Evolução da língua-de-boi, foi usada pela infantaria nos séculos XIII a XVII. Em épocas posteriores, foi usada por certos oficiais como insígnia de posto. A cabeça tem normalmente 55 centímetros; em forma reduzida pela metade (cerimonial), é chamada partasaneta.

O **venábulo de assédio** (*spetum*) é uma lança com duas lâminas laterais, prolongamento ou ampliação das cruzetas das lanças tradicionais. Na **ronca** (em inglês *ranseur, runkah* ou *rawcon,* em alemão *runka,* castelhano *ronca*), as lâminas laterais são em curva concêntrica e servem também como desmontadores; usada desde o século XV, continuou a ser visto como arma cerimonial nos tribunais do século XVII. Na **corsesca** (francês *corsèque*) as lâminas laterais se curvam para trás; originária da Córsega, foi popular nos séculos XVI e XVII. A **corsesca palmada** (em francês *chauve-souris,* "morcego"), típica da França, tem lâminas em ângulo de 45 graus com o esporão central, com forma de asa de morcego.

O **bota-fora** (inglês *brandistock* ou *feather staff,* italiano *buttafuore*) foi uma arma de haste usada do século XVI ao XIX, de 1,5 metro, que continha uma a três pontas metálicas finas e aguçadas numa abertura oca dentro da haste. Um empurrão para a frente ou para baixo impelia as pontas para fora e elas se travavam como as hastes de um guarda-chuva.

Com o fim do uso do pique, no início do século XVIII, os sargentos e oficiais inferiores continuaram a usar armas de haste para compor as fileiras de combate dos batalhões. Para formar um "quadrado" contra a cavalaria, precisavam de armas com o comprimento dos mosquetes e rifles com baionetas, para manter uma frente contínua de pontas contra a cavalaria inimiga. A arma também servia como ponto de referência visual no campo de batalha, para que a tropa se orientasse em relação aos oficiais e como "réguas", para auxiliar os oficiais a manter os homens alinhados nas fileiras de atiradores.

As armas de haste que permaneceram em uso do século XVIII à primeira metade do XIX foram para os oficiais o **espontão** ou **meia-lança** (*spontoon* ou *half pike*), lança curta com cruzeta que resultou da evolução do pique, e para os sargentos a **sargentina** (*sergeant's halberd*), uma alabarda de lâmina leve e simbólica, mas com ponta geralmente funcional, como a do espontão. O comprimento dessas armas era de 1,8 a 2,2 metros.

A **lança de cavalaria** (*lance*) era uma especialidade da Europa medieval. Desde a Antiguidade, cavaleiros usaram vários tipos de lanças da mesma maneira que os peões, segurando-as com uma mão e manejando-as com a força do braço, mas o uso do estribo e da sela com encosto alto permitiu que a cavalaria medieval, ao dirigir a lança com a mão, apoiada na axila ou com o conto (ponteira de metal na base da haste) apoiado no riste (aba de ferro dobrável do lado esquerdo do peitoral da armadura, daí a expressão "lança em riste", pronta para atacar), pudesse usá-la com toda a força muito maior do *cavalo*. Esse tipo de lança tinha três a quatro metros de comprimento e pesava cerca de três quilos.

A técnica impressionava quando usada nos torneios conhecidos como justas, praticados a partir do século XII. Na guerra, uma carga de cavaleiros a todo galope, numa formação em linha dupla ou em cunha, era a mais devastadora das táticas de combate desse período. Foi a lança, não a espada, a responsável pela glória da cavalaria medieval europeia, que até o início da Renascença relegou a infantaria ao papel de tropa auxiliar. Foi também a responsável pelo sucesso inicial dos cruzados cristãos contra os árabes, que não usavam essa técnica. Junto com o escudo, era levada pelo escudeiro, que seguia atrás do cavaleiro em seu próprio cavalo.

Cavaleiros continuaram a usar lanças durante a Renascença, mas sua importância diminuiu. No século XVI, começaram a usar armas de fogo e por volta de 1600, a lança de cavalaria era obsoleta na Europa Ocidental. Continuou, porém, a ser usada na Europa Oriental e voltou à moda no Ocidente no século XIX até a desastrosa Carga da Brigada Ligeira em 1854, na Guerra da Crimeia, quando uma brigada britânica armada de lanças foi quase toda destruída ao carregar estupidamente contra a artilharia russa, apoiada por vários batalhões de infantaria.

Na Ásia Oriental, vários tipos de lanças foram também usadas da Antiguidade ao século XIX. Na China, a lança (*qiang*) era considerada "o rei das armas", porque suas técnicas e aplicações eram as mais importantes nos campos de batalha, enquanto o varapau (*gun*) era o "avô das armas" porque todas as outras derivam dele, o sabre (*dao*) o "general das armas" pela feroz agressividade e a espada (*jian*) o "cavalheiro das armas" pela elegância e sofisticação das técnicas de combate.

A mais tradicional lança chinesa de infantaria, a ***qiang***, é caracterizada por uma ponta em forma de folha e um pendão vermelho (originalmente de crina de cavalo) amarrado logo abaixo, que tem as funções de distrair o adversário e impedir que o sangue escorra pela haste e deixe a arma escorregadia. Tem dois a três metros de comprimento, pesa dois a três quilos e é feita preferencialmente de madeira de alfeneiro no norte e de ratã no sul.

A ***shuo*** ou *mao shuo* é uma lança pesada de 5 a 6 metros, de ponta afiada, geralmente usada por cavaleiros contra outros cavaleiros ou carros de guerra, às vezes também por soldados de infantaria contra cavaleiros. A ***mao*** é uma lança com ponta de latão de 25 centímetros, às vezes nas duas extremidades, que tem cerca de 6 metros quando usada a cavalo, 6,5 metros quando usada pela infantaria e 7,5 metros quando usada por carros de guerra (*yi mao*).

A lança japonesa de estocar, chamada ***yari***, existe em muitos tamanhos e versões. A infantaria costumava usar armas de dois a três metros com peso de dois a três quilos, enquanto os samurais as preferiam com tamanho de um a dois metros. A arte da lança se chama *sojutsu*. As variedades mais conhecidas são:

- ***su yari*** ou ***sugu yari***, com ponta estreita e reta;
- ***fukuro yari***, semelhante, mas com ponta fixa à haste com um soquete, em vez de pino;
- ***omi yari***, semelhante à ***su yari***, mas com ponta extralonga (50 centímetros, mais haste de 90 centímetros ou mais);
- ***sasaho yari***, com ponta em forma de folha de bambu;
- ***sankaku yari***, cuja ponta é um espigão de seção triangular;
- ***ryo-shinogi yari***, com ponta em losango;
- ***kikuchi yari***, cuja ponta é uma lâmina de um só gume;
- ***jumonji yari*** ou ***magari yari***, com um par de lâminas laterais curvadas para a frente em torno da central;
- ***kama yari***, semelhante, mas com lâminas laterais curvadas para trás;
- ***nagae yari***, lança extralonga (4,5 a 6,5 metros) equivalente ao pique europeu;

Os coreanos usavam os seguintes tipos:

- ***konbang*** é uma lança com 1,8 a 2 metros e uma pequena lâmina de 5 centímetros de comprimento e 3,2 de largura, em forma de bico de pato, usada para estocar ou golpear com a haste;

- ***gichang*** ("lança de bandeira"), uma lança de 2,7 metros com lâmina de 23 centímetros de comprimento e 4,5 de largura, usada com uma bandeira atada à haste, para fins cerimoniais ou de escolta, usada também a cavalo;

- ***jangchang*** ("lança longa"), uma lança de 3 metros com cabo de 4 a 5 centímetros de diâmetro na versão tradicional (3 nas versões modernas de artes marciais) com lâmina de 25 centímetros de comprimento e 5 de largura, usada para estocar;

- ***changjung*** ("lança curta"), uma lança de 1,5 metro, equivalente a uma *jangchang* cortada ao meio;

- ***jukjangchang*** ("lança longa de bambu") uma lança de 6,1 metros, com uma haste rígida de 1,54 metro unida a uma haste flexível formada por um bambu ou por vários pedaços colados e cosidos juntos, com 4 centímetros de diâmetro e uma lâmina de 10 centímetros. Era usada para manter o inimigo à distância;

- ***dongyemochang*** ("lança muito longa e grande") uma lança de 9 metros, usada por dois ou três soldados ou por um soldado muito forte;

- ***dangpa***, semelhante à *jumonji yari*, mas com as lâminas laterais completamente dobradas para a frente, formando um tridente. Tem 2,3 metros e 2,25 quilos, incluindo a lâmina de 38 centímetros. Leva um pendão vermelho, como as lanças chinesas;

- ***nangseon*** lança com 5 centímetros de diâmetro na base e 3 na ponta, com 4,57 metros de comprimento e 4 quilos, com 9 a 11 ramificações pontudas que saem da haste, cheias de ganchos e às vezes envenenadas, para manter o inimigo à distância;

- ***topjang***, com lâmina de topo chato e dentes de serra;

- ***neolbjakchang***, com lâmina em forma de pá arredondada e cortante;
- ***dajichang***, com duas a quatro pontas, usada para estocar;
- ***sabarichang***, com três pontas, usada em formação;
- ***yangjimochang***, com lâmina longa e uma grande guarda de espada, usada para capturar espadas na defesa.

Lanças filipinas, usadas na caça, pesca e combate, são chamadas **sibat** e têm vários tipos de ponta, com um ou dois gumes ou farpadas, conforme a função. Atualmente, são usadas sem ponta, como simples varapaus, na arte marcial *eskrima*.

O **tombak** é uma lança malaia e indonésia, com lâmina em forma de folha de bambu. O comprimento varia de 1,5 a 3,5 metros. Há versões com lâmina dupla ou bidente (*dwisula*) e tripla ou tridente (*trisula*).

Os incas usavam lanças chamadas **suchuc chiqui**, com cerca de dois metros e ponta de bronze.

Archas e alabardas

Na Renascença, os soldados a pé, recrutados como mercenários entre camponeses e burgueses pobres, voltaram a ser decisivos. Isso colaborou para o enfraquecimento da nobreza feudal, a ascensão da burguesia e a centralização do poder nas mãos de soberanos capazes de financiar grandes exércitos. No seu auge, suas armas características eram os piques e as alabardas. Usadas em formação por peões e associadas com os piques (que lhes dão cobertura), archas e alabardas são extremamente eficazes contra cavaleiros, apesar de inúteis como armas individuais. Foi uma alabarda, nas mãos de um camponês suíço, que matou o duque de Borgonha, Carlos, o Temerário.

As armas de fuste usadas em formação tinham geralmente uma haste de 1,8 a 2,1 metros, com uma lâmina de 40 a 70 centímetros, resultando numa arma com comprimento total de 2 a 3 metros e peso de dois a quatro quilos. Versões menores, com comprimento total de 1,5 a 2 metros, foram usadas por guardas e sentinelas ou como insígnias de posto ou graduação e são mais manejáveis como arma de defesa pessoal, duelo e artes marciais.

A maioria dessas armas deriva de instrumentos agrícolas. As foices de cabo curto ou foicinhas (*sickles*, usadas desde a pré-história) e as foices de cabo longo ou gadanhas (*scythes*, usadas desde o século XII) são instrumentos agrícolas, mas foram ocasionalmente usadas como armas e algumas armas especializadas derivam delas ou têm desenho semelhante, ficando a meio caminho entre as espadas e as lanças ou armas de haste.

A foice é também a arma simbólica da Morte ao "ceifar vidas" e de Saturno, tanto como deus romano da agricultura quanto (numa errônea interpretação tardia) como "deus do tempo", confundindo-se neste caso com a harpe (na verdade, uma espada curva) usada pelo Crono grego original para castrar seu pai Urano.

A **falce** (*falx*, "foice" em latim) foi uma arma usada pelos dácios e trácios contra os romanos. Usada com as duas mãos, tinha um cabo de 90 centímetros e uma lâmina curva aproximadamente do mesmo comprimento. Os trácios usavam também a **ronfaia** (*romphaia*), que era semelhante, mas tinha a lâmina reta ou só ligeiramente curva, o que a tornava adequada também para estocar.

A **foice de guerra** (*war scythe*) é adaptada a partir da foice agrícola de cabo longo. A lâmina é virada para ficar alinhada e não perpendicular à haste e sua articulação com esta é reforçada com um tubo de metal ou parafusos. Foi usada principalmente em revoltas camponesas, do século XVI ao XIX. Tem um cabo de 1,5 a 1,8 metro e uma lâmina de 50 centímetros a um metro, pesando três ou quatro quilos. O **foucinho** (inglês e francês *fauchard*), usado na Europa do século XI ao XIV: é uma lâmina curva, de gume côncavo, presa à ponta de uma haste de dois metros. Provavelmente deriva de uma foice de guerra. Às vezes tem uma ponta de lança ligada ao dorso da lâmina, formando uma espécie de forcado, com uma ponta reta perfurante e outra curva e cortante. Neste caso, chama-se **foucinho-forcado** (*fauchard-fork*).

O **podão de guerra** (inglês *bill*, italiano *roncone*, francês *serpe de guerre*, alemão *Hippe*) é fundamentalmente uma lâmina de podão (inglês *billhook*, italiano *roncola*, francês *serpe*), foicinha de gume côncavo usada na vindima e poda de árvores, na ponta de uma haste de 1,8 a 2,7 metros, usado a partir de 1100. Acrescido de uma ponta de lança na parte superior, como foi regra a partir de 1400, passa a ser uma **bisarma** (*guisarme*) e ganha dupla função: estocar com a ponta como se fosse lança ou agarrar combatentes montados com o gancho "desmontador". Um podão ou bisarma com um esporão lateral é chamado **podão-bisarma** (*bill-guisarme*). Em Portugal, "bisarma" é hoje uma expressão pejorativa para pessoa ou coisa desajeitada, malconformada, desproporcionada ou de tamanho acima do normal.

O **bisagudo** (*military fork*) era um forcado de guerra derivado do forcado agrícola, com dois dentes longos (até 90 centímetros) e paralelos – um "tridente" de dois dentes.

A **archa** propriamente dita (inglês *glaive*, francês *glaive d'armes* ou *couteau de brèche*, alemão *Kuse* ou *Breschmesser*, italiano *falcione*, castelhano *archa*) é uma arma de haste que consiste em uma lâmina de um só gume na ponta de uma haste, que serve para acutilar e estocar, e surgiu na Suíça no século XIV, espalhando-se pela Europa até o século XVII. Foi usada em combate pelos poloneses na revolta contra a partilha de seu país por russos e prussianos em 1794. É semelhante à *naginata* japonesa, mas em vez de ter um espigão introduzido no cabo, como numa espada ou *naginata*, a lâmina é fixada à haste com uma configuração de eixo e soquete, como a cabeça de um machado. Tinha de 1,4 metro a 2,5 metros de comprimento.

Às vezes, as lâminas têm um gancho no lado oposto ao gume, que serve para agarrar e desmontar cavaleiros, como na bisarma, tornando-se uma **archa-bisarma** (inglês e francês *glaive-guisarme*, alemão *Glafè*), geralmente mais longa. Nesse caso, a lâmina tem 45 a 55 centímetros de comprimento, somando-se à haste de 1,8 a 2,5 metros de comprimento, resultando numa arma de 2,3 a 3 metros.

O nome em português e castelhano vem do corpo dos "Archeiros de Borgonha" (do francês *archers*, "arqueiros") que foi introduzido na Espanha por Filipe I, o Belo, rei de origem borgonhesa, em 1504. Originalmente, haviam sido arqueiros, mas como no fim do século XVI o arco e flecha estava obsoleto e esse corpo passou a usar principalmente a *glaive*, esta passou a ser chamada de "archa", como arma dos "archeiros". Outros corpos de elite também usaram essas armas. A guarda do Imperador da Áustria-Hungria continuou a usá-las cerimonialmente até o fim da monarquia em 1918.

Mais tarde, o termo "archa" passou a ser identificado também com outros tipos de armas de haste usados por esse corpo. Nos séculos XVIII e XIX, o que se chamava de **archa** em português era uma arma de haste composta por uma haste longa rematada por uma peça pontiaguda de ferro, atravessada por um machado duplo, de dois gumes, originalmente usada tanto para estocar, como uma lança, quanto para cortar, como um machado. Era usada cerimonialmente pelos "Archeiros do Paço" dos reis portugueses da casa de Bragança. Atualmente, os Fuzileiros Navais do Brasil usam essas archas como parte de seu uniforme histórico, apesar de as armas de haste historicamente usadas pela Brigada de Marinha terem sido a sargentina e o espontão.

A **espada de haste** (sueco *svärdstav*) é uma lâmina de espada de dois gumes na ponta de uma haste. A russa ***sovnya*** é uma lâmina curva na ponta de uma haste, usada pela cavalaria até meados do século XVII.

O **martelo-d'armas** (*crowbill, bec de courbin*) é um martelo de guerra com haste longa, ponta de lança e esporão longo e curvo. A cabeça contundente do martelo é normalmente usada apenas como contrapeso para o esporão de 8 ou 9 centímetros, o "bico de corvo". A ponta de metal tem cerca de 20 centímetros de largura e acaba numa ponta de lança de 13 centímetros e o comprimento total da arma varia de 1,75 a 2,4 metros, pesando de dois a quatro quilos. O **martelo de Lucerna** (*Lucerne hammer*), variante usada na Suíça do século XV ao XVII, substitui a cabeça contundente por três ou quatro dentes pontudos, eficientes para romper armaduras.

O **fura-malha** ou **lança de corte** (*mail-piercer* ou *hewing spear*), chamada pelos vikings ***atgeir***, era uma arma de haste usada pelo menos desde o século XIII, constituído de uma lâmina como de machado na ponta de uma haste, mas curta e larga, com uma ponta aguçada. Literariamente famoso pela *Saga de Nial*, na qual o herói islandês Gunnar Hámundarson tinha um atgeir que "cantava" quando era empunhado, feliz pelo sangue que ia derramar.

A **acha-d'armas** (*pollaxe* ou *poleaxe*) é uma acha ou machado de guerra com haste longa. Como as achas de cavaleiros, têm uma ponta de lança dianteira e um gancho ou esporão atrás da lâmina de machado, na ponta de uma haste de 1,2 a 2,4 metros de comprimento. Pesa 2 a 3 quilos. Assemelha-se à alabarda (ver adiante), mas a lâmina de machado é bem menor, o que concentra o impacto numa superfície menor e o torna mais eficaz contra armaduras, enquanto a alabarda é mais funcional contra alvos sem armaduras e patas de cavalos. Foi usado em torneios por cavaleiros de armadura.

A **maça-d'armas** é uma cabeça de maça presa à ponta de uma haste longa. Uma variante inglesa do século XVI é chamada ***holy water sprinkler*** ("hissopo", utensílio eclesiástico de aspergir água benta). Tinha uma cabeça de aço com seis flanges, cada uma com três esporões, mais um esporão grosso de seção quadrada na ponta e tinha um comprimento total de 1,9 metro.

A **berdiche** (*bardiche*, do russo *berdish*, em italiano *berdica*) é semelhante à archa, mas a lâmina é presa à haste por dois pontos, como em algumas versões do antigo machado de guerra dinamarquês (*dane axe* ou *sparth*), do qual é uma evolução. Foi usado na Rússia e Europa Oriental, nos século XVI e XVII, mais notadamente pelos *streltsy* de Pedro, o Grande. Uma arma semelhante usada na Escócia é conhecida como haste de Jeddart (*Jeddart staff*).

Derivado do berdiche, o **cutelo de assédio** (francês *vouge*, inglês *voulge* ou *pole cleaver*, "cutelo de haste", alemão *bouge*, castelhano *guja*) é do século XIV. Assemelha-se à archa na aparência e função, mas a lâmina é ligada à haste em dois pontos nos dois terços inferiores e não por um soquete e tem lâmina mais larga. É para acutilar (como machado ou cutelo), mais que para cortar (como espada ou archa). Equipada com um ou mais esporões para agarrar o cavaleiro é chamado **cutelo-bisarma** (*voulge-guisarme*). Com um gancho na ponta superior, voltado para trás, é típico da Escócia e se chama **acha Lochaber** (*Lochaber axe*).

O **cutelo suíço** (*Swiss voulge*) acrescentou ao cutelo-bisarma um esporão na extremidade, o que fez dela uma alabarda primitiva. A **alabarda** (inglês *halberd*, francês *hallebarde*, italiano e castelhano *alabarda*) é a versão aperfeiçoada da mesma arma que tomou forma depois de 1400: uma haste longa rematada por uma peça pontiaguda de ferro, atravessada por uma lâmina de machado com um gancho ou esporão na sua traseira. Tem, portanto, tripla função: estocar com a ponta como lança, cortar com a lâmina como machado ou derrubar cavaleiros com o gancho ou esporão. Eram reforçadas com anéis de metal ao longo da haste, tornando-as mais eficazes para bloquear espadas e outras armas. O nome vem do alemão *Halmbarte*, *Helmbarte ou Halbarte*, palavra formada pelo alemão *Halm*, "haste" e *Barte*, "acha", ou seja, "acha de haste". Em alemão, essa palavra hoje se refere às armas de combate usadas de 1470 a 1530 e as versões cerimoniais e ornamentadas posteriores são chamadas *Hellebarde*.

A alabarda mostrou ser a mais útil e versátil das armas de haste. Característica dos exércitos mercenários suíços no século XIV e início do século XV e ainda é usada cerimonialmente pela Guarda Suíça do Vaticano. Mais tarde, os suíços acrescentaram o pique para repelir com mais eficiência o ataque de cavaleiros e romper formações de infantaria inimigas, enquanto a alabarda, o espadão e a baselarda eram usadas no corpo-a-corpo. Os *Landsknechts* alemães, que imitaram as táticas suíças, também usaram alabarda e pique, mas sua arma favorita no corpo-a-corpo era a *Katzbalger*. Deixou de ser usada como arma prática no início do século XVIII, quando os arcabuzes e mosquetes de pederneira se tornaram comuns.

O **derrubador** ou **desmontador** (em inglês *mancatcher*, em francês *désarçonneur*) era uma haste com dois dentes de forcado semicirculares presos pelas pontas com uma mola para formar um anel que laçava uma pessoa pelo tronco. Foi usado principalmente para derrubar o cavaleiro de modo que pudesse ser preso para ser trocado por um resgate.

A ***ge*** ou **acha-adaga** (*dagger-axe* ou *ko*) é a mais antiga arma de haste chinesa. Formada por uma lâmina de adaga horizontal encaixada na ponta de uma haste (geralmente uma lança), foi usada da dinastia Shang (1600 – 1046 a.C.) à dinastia Han (206 a.C-220 d.C.). Geralmente encontram-se apenas as cabeças, de bronze ou ferro ou cerimoniais de jade. Sua construção permitia fintar com a ponta de lança, para então puxar e decapitar o inimigo que se desviava.

A ***ji*** ou **alabarda chinesa,** originalmente combinação do *ge* com uma ponta de lança numa só peça de metal, foi usada a partir da dinastia Shang e ainda é praticada nas artes marciais. No fim do período dos Reinos Combatentes (403-222 a.C.), o bronze foi substituído pelo ferro. Sua importância atingiu o auge no período dos Três Reinos (220-265 d.C.) para depois declinar. A partir da dinastia Tang (618-907 d.C.), tornou-se cerimonial. A forma antiga combinava uma lâmina curva lateral com uma ponta de lança, lembrando a bisarma ocidental, mas a forma hoje mais comum é a ***jidao*** ("alabarda-sabre"), uma lança com uma lâmina de gume côncavo presa ao lado por dois pontos que se aproxima em função à alabarda (cortar patas de cavalo com a lâmina, ou usá-la com a ponta de lança), com um pendão vermelho de crina de cavalo amarrado à base da lâmina, para absorver sangue e água. Algumas têm duas lâminas curvas iguais, uma de cada lado. Tem 2 a 3 metros de comprimento e pesa 2,5 a 3 quilos.

A ***tang*** ou **alabarda-tridente** (*trident-halberd*) é uma lança com ponta de aço de 50 centímetros, atravessada por um crescente cortante na base, semelhante ao venábulo de assédio (*ranseur*) ocidental. Tem 2,8 a 3 metros e pesa 2,5 a 2,8 quilos. Usado a partir da dinastia Ming (1368-1644) é hoje uma das armas clássicas das artes marciais.

O ***cha*** ou forcado é outra das armas clássicas das artes marciais chinesas. Pode ter três dentes (*san cha*, "forcado triplo"), dois dentes curvados para dentro (*cha gan*, "forcado de haste") ou dois dentes curvados para fora (*huo cha*, "forcado de fogo"). Com 2,8 a 3 metros de comprimento, pesa 2,5 a 2,8 quilos.

A ***chan, yueyachan*** ("pá lua crescente") ou **"pá de monge"** (*monk's spade*) é uma haste que tem de um lado uma lâmina de pá chata de borda convexa e do outro uma lâmina em forma de crescente de gume côncavo, presa à haste pelo meio. É uma arma associada aos monges Shaolin desde o século XVI. Tem 2 metros de comprimento e pesa 1,5 quilo. A ***lajatang*** usada por artes marciais da Indonésia é similar, mas troca a pá por outro crescente.

O ***podao*** ("sabre simples") chinês, chamado em inglês *horse-cutter* ("corta-cavalo") foi usado originalmente durante a dinastia Song (960-1279 d.C.) para cortar patas de cavalos, com haste de 1,2 a 1,8 metro. Hoje é uma arma para exibições de artes marciais com um cabo de 90 centímetros, uma lâmina de sabre do mesmo comprimento numa extremidade e um contrapeso na outra, pesando ao todo em torno de dois quilos. A versão japonesa se chama ***bisento***. Uma arma coreana semelhante é chamada ***woldo*** e é constituída de um cabo de 1,9 metro (diâmetro engrossando de 2 centímetros na base para 4 a 5 na ponta) e uma lâmina de 80 centímetros, pesando 1,5 a 3 quilos. Uma versão reduzida, chamada ***hyupdo***, tem cabo de 90 centímetros, lâmina de 70 centímetros e peso de 1,8 quilo.

Uma versão agigantada é a ***guandao*** de 2,4 metros, com uma pesada lâmina de sabre numa extremidade e na outra uma cabeça de maça. Segundo a lenda, teria sido criada e usada no século III pelo general Guan Yu (da qual tira seu nome), cuja arma lendária tinha o nome de *qing long yan yue dao* ("sabre meia-lua do dragão verde") e pesava 48 quilos. Não há provas, porém, de sua existência antes do século VII, quando era usada num teste cerimonial de candidatos a oficiais, que deviam manobrar uma arma de peso propositalmente exagerado, de 48 a 72 quilos, conforme a graduação. A versão hoje usada em demonstrações de artes marciais é menor e muito mais leve, com cerca de 1,8 metro e dois a quatro quilos.

Uma das mais eficazes armas do gênero é a japonesa **naginata**. Arma versátil e bem balanceada, foi usada no Japão desde 200 d.C., originalmente com lâmina de bronze, útil tanto em lutas corpo-a--corpo quanto para cortar patas de cavalos. Seu uso era ensinado não só aos *sohei* (monges guerreiros) e samurais, como também às mulheres de sua família a partir dos 18 anos, como forma de autodefesa. No Japão tradicional, sua prática, o *naginatajutsu*, era a única arte marcial aberta a mulheres. Tem lâmina de 30 a 60 centímetros, cabo de 1,2 a 2,4 metros e pesa dois a três quilos. A versão coreana, com cabo de 1,5 metro e lâmina de 63 centímetros, chama-se **hyeopdo**. Na prática moderna do *naginatajutsu*, usa-se armas com cabo de madeira e lâmina feita com duas tiras de bambu, pesando 700 gramas.

Na mitologia japonesa, a *Ame-no-nuhoko* ("lança celestial cravejada de joias"), geralmente representada como uma naginata, serviu para nada menos que criar o mundo: Izanagi e Izanami, o casal criador, a usou para agitar o mar e dele tirar a primeira extensão de terra.

A **nagamaki** ou **nagamaki-naoshi** é semelhante à *naginata*, mas tem uma lâmina semelhante à da catana (65 a 75 centímetros, com ponta cortante), montada em uma haste curta (0,90 a 1,20 metro). Foram usadas principalmente durante o período Kamakura (1185-1333) e o início do período Muromashi (1337-1570). Pesava em torno de 1,8 quilo. A versão maior, a **onagamaki**, chegava a 2,4 metros de comprimento total e peso de 2,7 quilos.

O Japão do período Edo usou para capturar suspeitos uma arma chamada **sodegarami**, semelhante ao desmontador ocidental, mas visando prender o suspeito pelo braço. Tinha também farpas na haste e nos dentes, para evitar que o alvo tentasse segurá-lo com a mão. Também se usavam o **tsukubo**, com cabeça em T, para empurrar, puxar ou fazer tropeçar o alvo e a **sasumata**, com dois dentes de forcado, com a qual podia-se empurrar o suspeito contra uma parede.

A **kuwa** é uma enxada japonesa usada como arma em artes marciais de Okinawa. Tem comprimento de 1,2 a 1,5 metro e lâmina de 15 centímetros e pesa de 1,3 a 1,6 quilo.

O **arbir** é uma arma indonésia semelhante à *naginata*, com cerca de 1,5 metro, que tem uma lâmina curva numa extremidade e uma ponta aguçada na outra, usada na arte marcial *pentjak silat*. Tem um sulco raso ao longo da haste no plano da lâmina, para ajudar o usuário a sentir exatamente onde está o gume ao usar manobras intricadas.

O **ngaw** tailandês é semelhante ao *guan dao*. Foi tradicionalmente usado por guerreiros para lutar do alto de um elefante e combina um cabo longo e forte e uma lâmina curva com um gancho traseiro, usado para espicaçar o animal. Hoje é usado na arte marcial *krabi krabong*. A versão de cabo curto é chamada *ngaw son* ("ngaw curto") ou *daab sri*.

O **tepoztopilli** era uma arma de haste asteca, aproximadamente do tamanho de um homem, que tinha na ponta uma lâmina de madeira larga em forma de ponta de lança, de 30 a 40 centímetros de comprimento e 12 a 15 de largura, guarnecida de lascas de obsidiana (vidro vulcânico) e usada para estocar e cortar.

O **mbado** é uma arte de haste tradicional do povo Venda, da África do Sul, que se parece a uma baioneta montada numa haste e é usada de forma semelhante a uma baioneta ocidental, tanto para cortar quanto para perfurar. O cabo pode ser de madeira ou chifre de órix. Alguns *mbados*, especialmente ungidas por feiticeiros, eram chamados *tshirovha* e considerados mágicos. Um portador especial observava a batalha junto com os chefes e brandia a arma na direção do inimigo como para atacá-lo. Tem cerca de 1,13 metro e pesa 790 gramas.

Baionetas

Baionetas (*bayonets*) são espadas curtas, adagas, punhais ou estiletes que podem ser fixadas na ponta de um mosquete ou fuzil para torná-lo útil como lança ou arma de haste (de 1,2 a 1,8 metro, pesando 3,5 a 5,3 quilos) e muitas vezes podem também ser usadas como armas independentes. Foram adotadas em meados do século XVII por Jean Martinet, inspetor-geral do exército de Luís XIV, e rapidamente se espalharam pela Europa, permitindo que os mosqueteiros se defendessem caso o inimigo cruzasse a linha de fogo antes que tivessem tempo de recarregar.

As primeiras baionetas tinham 30 a 45 centímetros (que se somavam ao 1,5 metro do mosquete, criando uma lança de 1,8 a 2 metros). Chamadas **baionetas de punho** (*plug bayonets*), encaixavam a empunhadura cilíndrica dentro do cano da arma, impedindo que ela atirasse. Daí a expressão "baioneta calada": colocar a baioneta "calava" a arma de fogo.

Em 1671, surgiram na França as **baionetas de alvado** (*socket bayonets*), que se fixam ao cano com uma banda de metal (alvado) sem obstruir o disparo, e se generalizaram na Europa nos anos 1700. Geralmente eram formadas por um espigão de metal, pontudo mas sem gumes, com 35 a 50 centímetros de comprimento, mais dez centímetros do alvado, pesando 300 a 500 gramas, que se somavam aos 4,8 quilos de um mosquete. Tinham a desvantagem de não terem uso independente e servirem apenas para estocar e não para cortar, o que limitava seu uso em combate corpo-a-corpo.

No século XIX, espadas e facas com um anel de metal na guarda, para se encaixarem ao cano, começaram a ser preferidas por sua versatilidade, mas as baionetas de alvado continuaram a ser usadas em muitos países até a II Guerra Mundial e na China até os anos 1970.

No século XIX, a tendência foi procurar o maior alcance possível, criando-se baionetas longas. Inicialmente, eram acopladas aos fuzis Baker (1,16 metro, 4,1 quilos) para igualá-los aos mosquetes, mais longos, quando as tropas entravam em formação para repelir a cavalaria. A **espada-baioneta** (*sword bayonet*), usada pelos britânicos da era napoleônica e depois adotada por outros exércitos, era um sabre de infantaria com lâmina reta de 58 centímetros. No século XX, baionetas semelhantes foram usadas até a II Guerra Mundial pelos japoneses, cuja versão mais usada (Tipo 30) tinha lâmina de 40 centímetros, comprimento total de 51,4 e 680 gramas. Também foi comum a baioneta com a forma da iatagã turca, com lâmina curvada em S, comprimento de 70 centímetros e 600 gramas. Também existiu o espadim-baioneta (em francês, *épée-baïonette*), que somava 52 centímetros de lâmina de espadim a um fuzil de 1,3 metro e 4,4 quilos (carregado).

Depois da I Guerra Mundial, as cargas com baionetas – que se revelaram um desastre ante as novas tecnologias militares – deixaram de ser uma tática padrão da infantaria e as espadas-baionetas e espigões, que desequilibravam os fuzis e eram desajeitadas em espaços fechados (como trincheiras), começaram a ser substituídas por facas mais curtas e versáteis, mais adequadas à luta corpo-a-corpo.

A **faca-baioneta** ainda usada pelos exércitos modernos tem lâmina de 15 a 25 centímetros, espessa e resistente, escurecida para evitar reflexos à noite e frequentemente com contrafio serrilhado, de forma a poder ser usada como serra. O modelo M9, do exército dos EUA, tem lâmina de 18 centímetros, comprimento total de 30 centímetros e pesa 445 gramas, sendo geralmente usada com o fuzil M16, de um metro e quatro quilos, ou com a carabina M4, de 84 centímetros e 3,1 quilos. A faca-baioneta Imbel IA2, do exército brasileiro, tem as mesmas dimensões e pesa 380 gramas, sendo usada com o fuzil Imbel IA2, de 1 metro e 4,2 quilos.

Armas de Arremesso

Armas de arremesso simples

Armas de arremesso simples são aquelas atiradas com a mão, sem necessidade de um mecanismo arremessador. As mais simples são meros paus e pedras encontrados ao acaso.

Pedras e pesos

A *Ilíada* atesta tanto o arremesso de **pedras** em combate quanto em competições entre os guerreiros gregos, em campo ou do alto de torres e muralhas. Dos líbios da época clássica, dizia-se que não carregavam outra arma além de uma lança e um saco de pedras.

Embora arremessos de pesos e pedras não tenham sido usados nos jogos gregos do período clássico, existiram na Escócia desde a Antiguidade e tornaram-se comuns na Europa da Renascença, quando soldados competiam atirando bolas de canhão. Nos *Highland Games* da Escócia, há duas modalidades: *Braemar Stone*, com bolas de 9-12 quilos para homens e 6-8 quilos para mulheres, sem corrida ou giro e *Open Stone*, com bolas de 7,26-10 quilos para homens e 3,6-5,4 para mulheres, que permite arremesso livre.

Desta última prática surgiu o arremesso de peso do atletismo olímpico, que usa bolas de bronze, ferro fundido ou chumbo de 7,26 quilos para os homens e 4 quilos para as mulheres. Os recordes são de cerca de 23 metros nos dois casos.

O **disco** (*discus*) é um artefato pesado que desde os tempos homéricos é arremessado por esporte (seu uso é descrito na Ilíada, nos jogos comemorativos do funeral de Pátroclo). Os antigos gregos os faziam de bronze ou ferro fundido, pesando 1,3 a 6,6 quilos e tendo 17 a 32 centímetros de diâmetro. Hoje é geralmente de madeira, com borda e núcleo de metal. A versão masculina pesa dois quilos e tem diâmetro de 22 centímetros, a feminina pesa um quilo e tem 18 centímetros. Não se sabe se algum dia foi usado como arma, embora seja capaz de matar uma pessoa. Provavelmente, origina-se de discos de bronze usados e vendidos como lingotes de metal, que eram oferecidos como prêmios a quem os atirasse mais longe.

Na Colômbia, usa-se um disco de 320 gramas e 11,7 centímetros chamado **tejo** no esporte nacional de mesmo nome, que consiste em lançá-lo contra um alvo circular chamado *bocín*, a 18 metros. O esporte foi originalmente praticado pelos indígenas muíscas, que usavam um disco de ouro do mesmo tamanho chamado ***zepguagoscua***, que pesava 680 gramas.

Bastões de arremesso

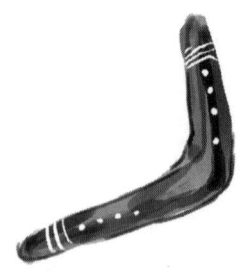

O **bastão de arremesso** (*throwing stick*) foi usado na caça pelos aborígenes australianos, indígenas das Américas, europeus pré-históricos e povos da Mesopotâmia e Egito (há murais egípcios retratando seu uso na caça aos patos). Geralmente é um pedaço de madeira levemente curvo de 40 a 90 centímetros, pesado e achatado, com superfícies curvas. O bastão ao ser arremessado gira rapidamente até atingir o alvo, dando a impressão de um disco. Pesam 200 a 600 gramas e o alcance é de 10 a 20 metros.

Alguns povos fazem bastões de arremesso mais curtos (cerca de 30 centímetros) e retos, com um peso (geralmente uma pedra) na ponta. O *tyindugu*, *iwisa* ou **knobkerrie** na África do Sul, *rungu* no Quênia, é um bastão de arremesso de madeira dura ou chifre que serve como maça e bengala, usado na África meridional e oriental. Tem 35 centímetros a 1,2 metro (em média 70 centímetros) e uma bola ou punho pesado de bengala na ponta. Pesa de 250 a 650 gramas.

O **bumerangue** (*boomerang*) é um bastão de arremesso leve, moldado numa forma angulosa de forma a fazer um voo curvo e retornar ao usuário depois de arremessado. Leve demais para derrubar a caça, servia, entretanto, para espantar aves e fazê-las cair em redes. Bumerangues feitos por nativos australianos de madeira dura pesavam 40 a 80 gramas e tinham 30 a 45 centímetros de largura. Modelos modernos podem ser feitos de balsa, madeira, plástico ou materiais compostos e ter duas, três ou quatro "asas", pesando de 70 a 110 gramas, mas chegaram a ser feitos de 4,8 centímetros a 2,6 metros (e peso de 1,05 quilo). O alcance é geralmente de 20 a 40 metros.

Às vezes, maças, machados, martelos e marretas de dois a três quilos foram também arremessados em combate ou por esporte, mesmo sem ter sido planejados para isso, normalmente não atingindo mais de 10 a 15 metros. O arremesso de marretas (*sledgehammers*), praticado como esporte na Europa, foi substituído nos *Highland Games* da Escócia pelo arremesso de um "martelo" formado por uma bola de metal redonda (de 7,3 a 10 quilos para homens e 5,4 a 7,3 quilos para mulheres) na ponta de uma haste de madeira de 1,2 metro. Isso deu origem ao arremesso de martelo dos Jogos Olímpicos, no qual se arremessa uma bola de ferro (7,26 quilos e 11-13 centímetros para homens e 4 quilos e 9,5-11 centímetros para mulheres) unida a uma empunhadura por um cabo de aço de 1,2 metro. Os recordes são de 87 metros para homens e 79 para mulheres.

Boleadeiras

A **boleadeira** (*bolas*) é um aperfeiçoamento da pedra de arremessar, formada por dois ou mais pesos (geralmente bolas de pedra dura e densa) atados a uma corda. Foi usada pelos indígenas das Américas desde a pré-história, mais notadamente pelos incas, que a chamavam *liwi* e também por mapuches, charruas e patagões, que as usaram contra a cavalaria dos espanhóis. A **avestruzeira** ou **nhanduzeira** (chamada *chumé* o *tálakgáp'n* pelos tehuelches da Patagônia) tem duas bolas e é usada para caçar emas emaranhando-se no seu pescoço. Com três pesos, é chamada **três-marias** ou **potreira** (*yachiko* para os tehuelches), usada para prender-se nas pernas de animais maiores, como touros e cavalos. Gaúchos tradicionalmente levavam uma nhanduzeira à cintura e uma potreira à bandoleira. Geralmente são armadas com cordas de 1,5 a 2 metros e as bolas são de pesos diferentes, para se separarem no voo. O alcance é de 30 metros.

Os inuits ou esquimós usavam uma variedade chamada **kalumiktun** ou **kilumitutit**, com quatro a oito "bolas" (nesse caso, geralmente pedaços de osso), para apanhar aves no voo: era segurada no centro, girada horizontalmente sobre a cabeça e lançada contra uma revoada de pássaros. Os maoris usaram uma arma semelhante, chamada ***poa*** ou ***poi***.

Chakras, adagas e shurikens

O ***chakra, chakram*** ou ***chalikar*** é uma arma indiana constituída de um aro plano de metal com gume exterior afiado. Pode ter de 12 a 30 centímetros de diâmetro, pesando de 50 a 400 gramas. Conforme o tamanho, os usuários os levam no braço, no pescoço ou no turbante, atirando-os em caso de necessidade. Podem ser de aço ou de latão e às vezes são decorados para adorno pessoal, tendo sido conhecidos nos últimos séculos como armas típicas dos sikhs. Os menores são girados no dedo indicador para serem arremessados ou usados como soqueiras, enquanto os maiores são atirados como discos olímpicos ou *frisbees*. Em geral são lançados em posição vertical para evitar atingir aliados que estejam ao lado e o alcance prático é de 40 a 50 metros, às vezes até 100 (mas não retornam como bumerangues). O *Shudarshana chakra* é a arma mágica do deus hindu Vishnu, um *chakra* com borda serrilhada de 108 pontas usado por ele e seus avatares para decapitar os inimigos da ordem.

Cakera é uma versão do *chakra* usada em artes marciais da Indonésia, aro que em vez de ser um plano é cilíndrico (como uma rosquinha), sendo, portanto, contundente. É usado em pares, para arremesso ou como soqueira.

Punhais, estiletes, adagas e **facas** de arremesso podem ser quaisquer armas de lâmina não muito pesadas e bem equilibradas. Facas grandes são seguradas com a mão como um martelo, erguidas para trás da cabeça, baixadas como num movimento de cortar um galho e largadas quando estão alinhadas com o alvo. Facas pequenas (até 100 gramas) são seguradas com o polegar e um ou dois dedos e atiradas num golpe brusco; e se não são de dois gumes, podem ser também seguradas pela lâmina (com o contrafio apoiado na palma).

O alcance é de 5 a 7 metros para facas pequenas e 8 a 15 metros para as grandes.

Facas feitas especialmente para prática de arremesso (inclusive espetáculos de circo) tendem a ser simétricas e têm ponta aguçada e lâmina relativamente espessa e pesada forjada numa só peça com o cabo de metal (às vezes revestido). Variam de minifacas de 11,5 centímetros (lâmina de 7,5) e 27 gramas a facas de 40 centímetros e 450 gramas. O tipo geralmente usado em apresentações de circo tem 20 centímetros (10 de lâmina) e 150 a 200 gramas.

A ***fei dao*** ("faca voadora") é uma pequena faca de arremesso chinesa, com 15 a 25 centímetros (9 a 15 de lâmina) e 50 a 150 gramas. Na forma hoje usada em artes marciais, tem um anel no pomo no qual se amarra um pendão vermelho para torná-la mais espetacular em voo.

O ***fei biao*** ("dardo voador") é um pequeno dardo de metal chinês, que se segura na palma da mão para arremessar. Na forma hoje usada em artes marciais, tem a forma achatada de uma ponta de lança e leva um pendão vermelho para torná-lo mais espetacular em voo. Tem 15 centímetros e pesa 30 gramas.

O ***jin qian biao*** ("dardo moeda dourada") é uma moeda chinesa (geralmente com um furo quadrado no centro), de 25 a 37 milímetros de diâmetro, 5 a 15 gramas, afiada nas bordas.

Shuriken ("espada de esconder na mão", em japonês) são pequenos dardos ou lâminas de ferro arremessados com a mão ou usadas em combate corpo-a-corpo, geralmente para perturbar o inimigo de maneira a facilitar a fuga ou um golpe com uma arma mais eficaz. Além de fáceis de esconder, confundiam-se (ao menos nas formas mais primitivas) com pregos (*bo-shuriken*) e arruelas (*shaken*) usadas na construção civil, o que os tornava insuspeitos. Há muitos tipos, usados por diferentes escolas e regiões (ou improvisados na necessidade):

- ***bo-shuriken***, um pequeno dardo de metal de 12 a 21 centimetros e de 35 a 150 gramas, de seção redonda, quadrada ou octogonal, com alcance de 5 a 7 metros e vários formatos:

    - *kugi-gata* (cravo)
    - *hari-gata* (agulha)

- *kankyuto* (punhal de pendurar cabeças decapitadas)
- *mesu-gata* (grampo de cabelo)
- *kunai-gata* (*kunai*, uma ferramenta de alvenaria)
- *ryobari-gata* (achatado, com duas pontas)
- *tanto-gata* (faca)
- *hoko-gata* (lança)
- *matsuga-gata* (agulha de pinheiro)
- *negishi ryu shuriken* (foguete ou lápis engrossado no meio, 47 a 74 gramas)

- **shaken**, uma pequena lâmina chata redonda de gume cortante ou com várias pontas, geralmente de 40 a 75 gramas, com 2 a 3 milímetros de espessura e 8 a 12 centímetros de largura.
  - *hangetsu shaken* (meia-lua)
  - *hishi gata shuriken* (losango)
  - *sanpo shuriken* (triângulo)
  - *senban shuriken* (quadrado)
    - *o-shenban* (grande), com 11,5 centímetros e 75 gramas, arremesso a 8 metros ou combate corpo-a-corpo
    - *ko-shenban* (pequeno), com 8 centímetros e 40 gramas, arremesso a 7 metros
  - *juji shaken* (cruz)
  - *tsume shaken* (garra)
  - *manji shaken* (suástica)
  - *tatami juji shaken* (cruz dobrável)
  - *rokuhoshi shuriken* (hexágono), de 8 centímetros e 55 gramas
  - *hakkaku shuriken* (octógono) de 8 centímetros e 50 gramas, arremesso a 10 metros

- ***hira-shuriken***, shaken com várias pontas, em forma de estrela
  - *nipo shaken* (estrela de 2 pontas)
  - *shankaku shaken* (estrela de 3 pontas), de 7,5 centímetros e 25 gramas, mais usado em combate corpo-a-corpo que em arremesso
  - *shikaku shaken* (estrela de 4 pontas), de 10 centímetros e 60 gramas, arremessa a 10 metros
  - *ko shikaku shaken* (estrela pequena de 4 pontas), de 9 centímetros e 40 gramas, arremessa a 8 metros
  - *gokaku shaken* (estrela de 5 pontas)
  - *rokkaku shaken* (estrela de 6 pontas), de 11 centímetros e 60 gramas, arremessa a 12 metros
  - *shichi ho shaken* (estrela de 7 pontas)
  - *happo shaken* (estrela de 8 pontas)
    - com 13,5 centímetros e 70 gramas, arremessa a 10 metros
    - com 12,5 centímetros e 115 gramas, arremessa a 15 metros
    - com 10,5 centímetros e 60 gramas, arremessa a 12 metros
    - com 8 centímetros e 50 gramas, arremessa a 6 metros
    - com 6 centímetros e 10 gramas, arremessa a 3 metros; costuma-se usar 10 a 15 peças de uma vez, para chocar o inimigo.
  - *kuho shaken* (estrela de 9 pontas)
  - *jippo shaken* (estrela de 10 pontas)
  - *ju yon po shuriken* (estrela de 14 pontas)

- **_shuriken_ improvisados** (objetos adequados para serem atirados)
  - *kogai* (grampo de cabelo, guardado na *saya* da espada)
  - *wari-kogai* (grampo que se divide para usar como hashis, guardado na *saya*)
  - *umabari* (lâmina pontuda, usada para sangrias em cavalos, guardada na *saya*)
  - *kozuka* (faquinha utilitária, guardada na *saya* da espada)
  - *hashi* (pauzinho de comer)
  - *biao* (prego)
  - *teppan* (chapa de cozinha)
  - *makibishi* (estrepe, usado para dificultar a passagem de tropas e cavalos)
  - *tetsubishi* (estrepe de ferro)

O **paku** é um pequeno dardo semelhante a um *bo-shuriken*, usado na Indonésia. Na forma tradicional, tinha 5 a 7,5 centímetros e era aguçado nas duas pontas. Na forma hoje usada no *pentjak silat*, tem 10 a 15 centímetros e só uma ponta.

Fuma shuriken é uma arma fictícia de mangás, animes e RPGs – um *shaken* gigante, geralmente várias lâminas dobráveis com envergadura total de mais de um metro.

Glaive é uma arma fictícia mágica, usada pelo herói Colwyn do filme *Krull*, uma estrela de metal de cinco pontas curvas com cerca de 32 centímetros de diâmetro.

Machadinhas

Machadinhas (*hatchet*), pesando em torno de 600 gramas e com cerca de 60 centímetros, usadas tanto para golpear quanto para arremessar, foram também muito usadas na Alta Idade Média, com o nome de **franquisque** (*francisca*), por serem usadas pelos francos. O alcance é de 10 a 15 metros.

Na América do Norte, usaram-se machadinhas semelhantes com o nome indígena de **tomahawk**, embora fossem machados de ferro de colonos brancos (eventualmente copiados e adquiridos por indígenas) e não invenções nativas.

O **hurlbat** ou **whirlbat** era uma machadinha forjada numa só peça de ferro de cerca de 6 milímetros de espessura, com lâmina de machado e pontas aguçadas atrás, acima e na base, aumentando as chances de causar ferimentos quando arremessado. Foram usados na Europa de 1350 a 1550. Tinha cerca de 35 centímetros e pesava 500 gramas.

Um tipo de machadinha de ferro de lâmina vazada, chamado **nzappa zap**, **zappozap**, ou **kasuyu**, é característico do Congo.

Dardos, azagaias e pilos

A **azagaia, ascuna** ou **venábulo** (*javelin*) é uma lança de arremesso. Um típico caçador ou guerreiro tribal carrega três ou quatro azagaias de 1,8 a 2,5 metros e 1 a 1,5 quilo, arremessando-as no alvo (com um alcance de, talvez, dez metros) e reservando a última para liquidá-lo como arma perfurante.

Lanças de arremesso com ponta de bronze foram usadas no Egito e Mesopotâmia desde o início da civilização e também pelos gregos homéricos, com cerca de 1 a 1,2 metro de comprimento e uma ponta de 8 a 12 centímetros.

Na Ilíada, a lança é a arma principal dos guerreiros aqueus, que desprezam o arco e flecha de Páris e de outros troianos como um recurso de covardes. Dois estilos de combate são mencionados, um que usa uma lança de estocar e outro em que se usam duas lanças de arremesso. Vale notar, porém, o autor viveu muitos séculos depois dos acontecimentos e parece desconhecer as verdadeiras táticas de combate da época de Troia. Por exemplo, no épico os guerreiros usam as bigas como "táxi" para serem levados à cena da batalha e combatem a pé. Mas a Idade do Bronze as usava como plataformas móveis de combate, das quais guerreiros atiravam lanças ou disparavam flechas enquanto seus aurigas os conduziam entre as linhas inimigas e soldados a pé os escoltavam correndo e atirando suas próprias lanças de arremesso, como também faziam os egípcios, babilônios, indianos e persas.

A partir das Guerras Púnicas (264-146 a.C.), as legiões romanas substituíram gradualmente as hastas, lanças de estocar, pelo **pilo** (*pilum*), uma lança de arremesso inventada pelos samnitas, povo itálico que os romanos enfrentaram nas Guerras Samnitas (343-304 a.C.). Tinha cerca de dois metros, incluindo uma haste de madeira de 1,4 metro e 22 a 28 milímetros de diâmetro unida por um pino ou soquete a uma haste de ferro de 60 centímetros, com 7 milímetros de diâmetro e ponta piramidal farpada. Assim como nas hastas e nas lanças gregas, o conto (base) tinha ponta, que podia ser usada para cravar a arma no chão ou como ponta de reserva caso a principal se quebrasse. Junto com o peso da arma (uma das mais pesadas lanças de arremesso usadas em combate), a ponta de ferro fina e longa possibilitava penetrar escudos e atingir o inimigo por trás dele, ou pelo menos se cravar no escudo de maneira a torná-lo inútil.

A tática usual era atirar o pilo leve (cerca de dois quilos) a uma distância de quinze a vinte metros do inimigo, o pilo pesado (cerca de quatro quilos) a oito ou dez metros e o gládio quando se chegava ao combate corpo-a-corpo. Ocasionalmente, o pilo era também usado para estocar, principalmente para deter uma cavalaria inimiga. Há quem diga que a ponta era feita de ferro macio para entortar ou quebrar quando errava o alvo de modo que o inimigo não pudesse atirar o pilo de volta, mas essa interpretação é rejeitada pelos especialistas atuais.

A *falárica*, semelhante ao pilo, era usada pelos iberos. Tinha uma ponta de ferro fina e aguçada de 90 centímetros e uma haste de teixo de igual comprimento. Os iberos frequentemente enrolavam e acendiam material combustível na ponta de ferro, transformando-a em arma incendiária.

O *saunion*, chamado **soliferrum** pelos romanos, era também usado pelos iberos. Equivalia ao pilo pesado em uso e peso, mas era uma lança de arremesso toda de ferro, de 1,5 a 1,8 metro de comprimento.

Os guerreiros francos, germânicos e anglo-saxões usaram o *angon*, semelhante ao pilo romano do qual provavelmente era derivado, durante a Alta Idade Média.

Entre os romanos, os pilos foram substituídos pelo *spiculum* de arremessar, com cerca de dois metros, ponta triangular de 20 centímetros e pela *lancea* (lança de estocar) de estocar e cortar, com uma ponta em forma de folha ou losango e bordas afiadas de aço a partir do tempo de Diocleciano (284-305 d.C.).

Algumas legiões levavam no oco do escudo cinco *plumbatae*

("chumbadas") ou *martiobarbuli* ("farpas de Marte"), dardos com lastro de chumbo e rêmiges de penas ou couro (estabilizadores, como de flechas), com comprimento de 50 a 70 centímetros e peso de 200 a 300 gramas. Tinham alcance superior às lanças de arremesso – 40 a 50 metros – e continuaram a ser usadas pelos bizantinos na Idade Média.

As lanças de arremesso foram abandonadas na Baixa Idade Média, exceto entre os galeses e irlandeses, que as usaram para resistir aos ingleses até o século XVI, e os ibéricos, que as usaram até o século XIV.

A lança de arremesso celta é o ***javelin*** propriamente dito, palavra inglesa que deriva do francês *javelot*, de origem gaulesa. Tinha 1 a 1,5 metro de comprimento.

Da lança de arremesso berbere chamada *zagayah*, adotada pelos árabes como *az-zagayah* (em inglês, *assegai*) vem o nome português de **azagaia** ou **zagaia**. Com ponta de ferro, que pode ser um simples espigão ou ter farpas ou bordas cortantes, veio a ser usada de Navarra à África do Sul.

Adotada pelos almogávares, tropa de infantaria ligeira do reino de Aragão que foi ativa em todo o Meditarrâneo nos séculos XIII e XIV, era chamada *azcona*, palavra de origem basca. O nome correspondente em português era **ascuma, ascuna** ou **ascunha**. Quando usada para a caça na Europa, a lança leve de arremesso era chamada **venábulo**.

Tipicamente, a azagaia tem 1,5 a 1,7 metro de comprimento total, com ponta de 30 centímetros. Os árabes e almogávares carregavam duas azagaias e uma espada curta e usavam essas armas de forma semelhante aos romanos.

O ***lembing*** é uma lança de arremesso malaia e indonésia, cuja lâmina tem a forma ondulada da adaga malaia cris. Às vezes é chamada equivocadamente *tombak*, que na verdade é o nome da lança de estocar, com lâmina em forma de folha de bambu. O comprimento varia de 40 centímetros a dois metros.

O **dardo olímpico** (*javelin*) é uma azagaia longa e muito leve, feita de alumínio, fibra de vidro ou fibra de carbono. A versão masculina tem 2,7 metros de comprimento e pesa 800 gramas, com cabeça de 25 a 33 centímetros e diâmetro de 25 a 30 milímetros. A feminina tem 600 gramas e mede 2,3 metros. Os recordes de lançamento são da ordem de 90 e 70 metros, respectivamente.

Exércitos japoneses regulares não usavam lanças de arremesso, mas ninjas usavam a **yari-nage**, uma azagaia com cerca de 1,75 metro e o **uchi-ne**, um dardo de 60 centímetros.

Arpões (*harpoons*) são lanças de arremesso com pontas farpadas, geralmente de 1,5 a 3 metros de comprimento, usadas na pesca e na caça de mamíferos marinhos, ocasionalmente usadas como armas. Um arpão de madeira pesa cerca de 1,5 quilo e um de metal, cerca de 3 quilos. O alcance é de cerca de 10 metros.

Armas de arremesso complexas

Armas que usam algum tipo de mecanismo arremessador.

Lança-dardos

A partir de 15.000 a.C., é atestado pela arqueologia o uso do lança-dardos ou propulsor (inglês *spear thrower* ou *atlatl*, castelhano *estólica*, francês *propulseur*), uma alavanca cujo uso aumenta o alcance de dardos e azagaias.

O propulsor usado pelos astecas era chamado **atlatl**. Tinha cerca de 60 centímetros de comprimento e 2 a 3,5 centímetros de largura (mais largos na ponta, onde se encaixa o projétil) e lançava dardos de 1,2 a 2,7 metros de comprimento e 9 a 16 milímetros de diâmetro (80 a 500 gramas) chamados *tlacochtli* ou *tlatzontectli* (*minacachalli* quando tinham ponta em tridente, para caçar aves aquáticas) que atingiam facilmente distâncias de 50 a 70 metros.

Os aborígenes da Austrália usavam um propulsor chamado **woomera**, com 60 a 90 centímetros de comprimento, com o qual lançavam dardos de 1,8 a 3 metros a até 130 metros.

Amento

As falanges gregas do período clássico usavam apenas lanças de estocar. Mas os macedônios usaram como tropas auxiliares os *peltastas*, uma infantaria leve armada com um *pelta* (escudo de vime, em forma de crescente) e três **akontios**, azagaias de 1,5 a 2 metros de comprimento e 15 a 20 milímetros de diâmetro, cujo alcance e precisão eram melhorados por uma tira de couro chamada amento (grego *ankyle*, latim e inglês *amentum*), que era enrolada na haste e desenrolada no arremesso, comunicando à arma uma rotação que a estabilizava. Feitas de madeira de sabugueiro e ponta de bronze, essas azagaias eram também usadas pela cavalaria, junto com a lança *xyston*. Experiências modernas de pesquisadores do Mesa State College encontraram que um *akontios* grego de 1,8 metro e 19 milímetros de diâmetro, com peso de 450 gramas, pode ser atirado por um lançador moderno em média a 20 metros com as mãos e a 31 metros com um amento de 48 centímetros, feito com tiras de couro de 60 centímetros.

O **aclys** era uma azagaia de arremesso usada pelos oscos e adotada pelos romanos do século IV a.C. ao I a.C., com uma ponta aguçada de ferro e uma cavilha para prender o amento. Tinha cerca de 1,8 metro.

As tropas auxiliares romanas, chamadas de *leves* e *rorarii* (conforme a posição nas linhas de combate) no século IV a.C e *velites* a partir das Guerras Púnicas, eram armadas com azagaias de 1,1 metro de comprimento e ponta de metal de 13 centímetros, chamadas **veruta** (singular *verutum*) ou **hastae velitares**, além de escudo e gládio, pesando cerca de um quilo. Eram arremessadas com a correia de couro que os romanos chamavam de *amentum*.

Em tempos medievais e modernos, também se usa um amento

ou corda com o que se chama de **flecha suíça** (*swiss arrow, yorkshire arrow, gipsy arrow*), um dardo leve ou flecha de cana de 90 centímetros de comprimento, 6 milímetros de diâmetro e cerca de 30 gramas, que não tem entalhe na rabeira, mas na haste, a cerca de um terço do comprimento (medindo de trás), no qual se enrola a corda e se atira, para caçar coelhos ou outros pequenos animais, com alcance de 40 a 50 metros.

Fundas

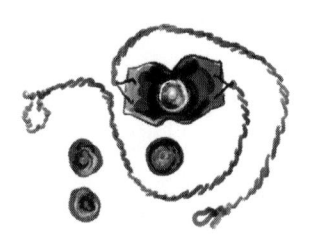

A **funda** ou **fundíbulo** (inglês *sling*, francês *fronde*, alemão *Schleuder*) consiste em uma baladeira (receptáculo) na qual se aloja uma pedra, bola de argila ou pelouro de chumbo, unida a duas cordas ou correias, uma das quais tem na ponta uma pulseira, onde o usuário prende a corda e a outra uma ponta que é solta depois que a funda é girada (geralmente em ângulo de 60 graus), impulsionando o projétil com a direção e velocidade adequadas. Lançado com habilidade, o projetil atinge 100 quilômetros por hora e pode alcançar mais de 400 metros, embora o alcance militar prático seja cerca de 200 metros, semelhante a uma flecha.

Essa arma parece ter sido usada em todo o mundo, exceto a Austrália, desde o Paleolítico Superior (40.000 – 10.000 a.C.), inicialmente na caça. Mais tarde, tornou-se particularmente característica de pastores, que as usavam para espantar lobos e outras ameaças a seus rebanhos. O uso mais famoso da funda na mitologia é, sem dúvida, nas mãos do então pastor Davi para derrotar o gigante Golias, no *Primeiro Livro de Samuel*.

O uso de fundas na guerra é mencionado em outras partes do *Antigo Testamento*, na *Ilíada* e por vários historiadores clássicos. Eram usadas por tropas auxiliares, os *fundibulários*, formadas pelos cidadãos mais pobres das cidades-estados, que não tinham recursos para adquirir outras armas, e mesmo por escravos, quando chamados a auxiliar seus amos. Em Roma, os auxiliares que usavam fundas eram chamados *accensi*. Os povos mais famosos por sua habilidade com a funda eram os acarnânios da Grécia antiga e os baleares, das ilhas de mesmo nome na atual Espanha. Segundo os autores antigos, a funda era mais perigosa que o arco para um guerreiro que usasse apenas armadura de couro.

Na Idade Média, a funda deixou de ser usada como arma de

guerra na maior parte da Europa, exceto na Península Ibérica, onde os cristãos a usavam contra os mouros. Os indígenas das Américas também usaram fundas contra os invasores europeus – os incas, em particular, usavam fundas (*huaracas*) de até 2,2 metros de comprimento, capazes de lançar pedras de 400 gramas e matar um cavalo, ou quebrar uma espada em duas, alcançando até 70 metros.

Normalmente, o comprimento da funda varia de 60 centímetros a um metro. Quando se usam pedras, elas podem variar de 50 a 500 gramas e ser esféricas, achatadas, elipsoides ou em forma de amêndoa (bicônicas). Até a Idade do Bronze, preferiam-se pedras aproximadamente esféricas de 200 a 300 gramas e 7 a 8 centímetros de diâmetro. No uso militar da Idade Clássica, preferiam-se pedras redondas de 5 centímetros e 100 gramas ou, melhor ainda, pelouros bicônicos de chumbo, com 35 milímetros de comprimento, 20 de largura e cerca de 30 gramas, que proporcionavam maior alcance e eram mais difíceis de ver em voo. O alcance chegava a 180 metros com pelouros de chumbo e 90 com pedras.

O **fustíbalo** (*staff sling*) é uma funda presa à ponta de uma vara de até dois metros, segurada pela base com as duas mãos, que alavanca e amplia o impulso dado ao projétil. Serve para lançar projéteis mais pesados a distância semelhante à alcançada pela funda simples com projéteis leves, ou lançar pedras e pelouros do mesmo tamanho a distâncias 50% maiores. No início da era da pólvora, foram usados para lançar granadas e bombas incendiárias.

O **kestros** ou **kestrosphendone** é uma funda de couro usada para lançar um dardo pesado a 80-100 metros. Segundo os historiadores romanos Tito Lívio e Políbio, foi usada pelos macedônios do rei Perseu na Terceira Guerra Macedônia (171-168 a.C.).

Zarabatanas

A **zarabatana** (*blowgun* ou *blowpipe*) é um tubo usado para impelir um pequeno dardo com o sopro, normalmente usado para a caça de animais pequenos. Árabes e iranianos, por exemplo, a usavam na caça aos pássaros e do árabe e persa *zabatana* vem o nome português. Pode servir para abater animais maiores ou pessoas se o dardo, normalmente pequeno e quase inofensivo, for envenenado, como fazem certos indígenas da Amazônia e Guianas (usando o curare). Hoje, o uso da zarabatana também é praticado como esporte. O alcance é de cerca de 25 metros com um tubo de 60 centímetros e calibre de 10 milímetros, 45 metros com um de 90 centímetros, 62 metros com uma zarabatana de 1,2 metro e 76 metros com uma de 1,8 metro. Com calibres de 13-15 milímetros, é possível atingir distâncias 25% maiores.

As zarabatanas ainda usadas por indígenas das Américas e povos do Sudeste Asiático são geralmente feitas de taquaras ou bambus e podem ter de 1,5 a 2,7 metros. Disparam dardos de madeira de 15 a 55 centímetros, que usam penas ou folhagem como rêmiges. A versão malaia e indonésia se chama ***sumpitan*** e tem 1,8 metro.

A zarabatana japonesa se chama ***fukiya***. O modelo usado em competições é um tubo simples em bocal de 1,2 metro, calibre de 13 milímetros e dispara cones de papel de 20 centímetros e 0,8 grama.

A zarabatana de competição ocidental tem um bocal em forma de sino, comprimento de 1,2 metro e calibre de 10 milímetros. Em competições, geralmente se usam dardos de plástico coloridos de 2,5 centímetros e 2 gramas ou bolas de tinta de 1 centímetro e meia grama. Na caça, usam-se dardos metálicos finos e longos de 10 centímetros e 9 a 13 gramas, ou dardos mais curtos e grossos, de mesmo peso e 4 centímetros. Há também zarabatanas com calibre de 17 milímetros, adequadas para disparar balas de *paintball* em competições.

Arcos, flechas e bodoques

O arco (*bow*) é uma peça longa, de material elástico – madeira, chifre, osso, plásticos ou fibra de vidro – usado para esticar uma corda que lança um projétil, geralmente uma flecha (*arrow*). A arte de usá-los se chama arqueiria ou arqueirismo (*archery*) e seus praticantes são arqueiros (mais raramente, flecheiros ou frecheiros). *Archeiro*, em português, não é usuário de arco e sim de archa, uma arma de haste.

O uso de arcos com flechas de ponta de pedra lascada, presas à vareta por tendões e com rêmiges de penas, é atestado na África do Sul desde 64.000 a.C. e na Europa e Oriente Médio desde 9.000 a.C. Nas Américas, parecem ter chegado na região ártica em 2500 a.C., a regiões temperadas e tropicais a partir de 2000 a.C.

Arcos foram amplamente usados na caça e na guerra no Egito e Mesopotâmia e em outras civilizações asiáticas e africanas, como também entre os celtas e germânicos. Tiveram menos importância, porém, nas civilizações clássicas da Antiguidade ocidental. Com exceção dos cretenses, que continuaram a tradição de arqueiria da Grécia micênica da Idade do Bronze, os gregos clássicos valorizavam o combate solidário das falanges, com lança e gládio, e consideravam o arco uma arma "covarde" associada a asiáticos, inclusive o vilão troiano Páris. Os exércitos macedônios, sob o comando de Alexandre, usavam o arco, mas não os romanos, que só os usavam em tropas auxiliares formadas por bárbaros.

Apesar de seu baixo prestígio entre os mortais que os adoravam, arcos infalíveis eram a arma de Apolo e Ártemis (aliados dos troianos), cujas flechas mortais nunca erravam o alvo e de Eros, o deus do amor, que usava flechas com ponta de ouro para provocar o amor. Héracles também tinha o arco, ao lado da clava, como sua arma principal e suas setas foram embebidas no sangue venenoso da

Hidra, o que as tornou absolutamente letais. A Ilíada tornou famoso o arco de Odisseu, que nenhum dos pretendentes de Penélope conseguiu encordoar.

A maioria dos deuses e heróis hindus também usava arcos e flechas, notadamente Vishnu, que tinha o arco *Sharanga* e Shiva que usava o *Pinaka*, que tinha 2,6 metros de comprimento. O herói Arjuna usava o arco *Gandiva*, que pertencera aos deuses Brahma, Prajapati, Indra, Soma e Varuna. Arjuna e Krishna eram os únicos que podiam vergar Gandiva no mundo dos mortais e o som de sua corda era como o de um trovão.

Entre os iorubas, o arco é a arma de Oxóssi, orixá das matas. Para os nórdicos, é a arma de Uller, deus da justiça. A associação dos elfos ao arco é também tradicional: na Inglaterra, pontas de flecha de pedra (de origem pré-histórica) foram chamadas "flechas de elfos" (*elf-arrows* ou *pixie arrows*) e usados como amuletos contra feitiçarias.

Na Idade Média europeia, o arco foi visto como arma auxiliar e de baixo prestígio, visto ser barato e geralmente usado por camponeses. Essa visão é refletida no papel do maior arqueiro da lenda medieval: Robin Hood, um bandoleiro e rebelde de origem camponesa do século XII, embora as versões posteriores da lenda o fizessem um nobre renegado. Mesmo assim, arqueiros armados de arcos longos, recrutados entre os *yeomen* (camponeses livres, classe à qual pertencia o Robin Hood original) da Inglaterra, mostraram-se muito eficazes contra a cavalaria medieval durante a Guerra dos Cem Anos.

Na Ásia, o arco foi, pelo contrário, uma arma de prestígio, em cuja fabricação se investia tanto tempo e esforço quanto numa espada de boa qualidade. Na Índia, China, Japão e Coreia, a arqueiria foi uma arte marcial muito valorizada, tanto no aspecto militar quanto no espiritual. Fez parte do treinamento militar na Coreia até a conquista japonesa em 1894 e na China até o fim da monarquia em 1904, e sua prática esportiva continua popular nesses países.

Os exércitos muçulmanos usaram arcos longos de infantaria em grande escala. O uso mais devastador foi nas mãos dos exércitos de nômades das estepes da Ásia Central, hunos, magiares, mongóis, tártaros e turcos. Seus cavaleiros-arqueiros aterrorizaram as civilizações da Eurásia, e muitas vezes as destruíram. Fundado pelos turcos, o Império Otomano foi a última potência a usar cavaleiros armados de arco e mesmo depois que os aboliu, em 1826, a arqueiria continuou a ser encorajada pelos sultões como esporte até o fim da monarquia. Nas Américas, o único povo a dominar a arqueiria montada foram os comanches, de 1800 a 1878.

Arcos e flechas foram também amplamente usados por povos tribais ameríndios, asiáticos e africanos na caça e na guerra a invasores e às vezes ainda o são hoje.

Um dos maiores problemas da arqueiria militar é que, enquanto aprender o tiro ao arco para caça e esporte é relativamente fácil, leva anos formar um arqueiro para a guerra – ou, segundo ditos antigos, até gerações: a habilidade era passada de pai para filho e dizia-se que o treinamento de um arqueiro começava pelo avô. É preciso puxar a corda com uma tração muito maior do que a usada na caça, para alcançar distâncias superiores a 200 metros e fazê-lo com uma alta cadência, 10 flechas por minuto com arcos longos e até 20 ou 30 com arcos mongóis de cavalaria, de tração menor, normalmente usando um anel no polegar para puxar a corda sem se ferir. No caso dos arqueiros montados, é preciso ainda dominar a arte de disparar flechas enquanto se monta e conduz o cavalo.

A pontaria, na guerra, embora não deixe de ser treinada, é menos importante. Embora haja oportunidades de usar o tiro direto, apontando para o alvo, a maneira mais comum de usar o arco em batalha é em tiro indireto, ou seja, apontando para o alto, junto com dezenas ou centenas de outros arqueiros, para fazer chover flechas aos milhares por minuto sobre a infantaria ou a cavalaria do inimigo.

O parâmetro mais importante do arco é a quantidade de energia que proporciona à flecha, medida pela tração necessária para envergá-lo e retesar a corda até acomodar a seta (cerca de 40% do comprimento do arco nos arcos retos, mas até 67% nos arcos reflexos) ou, por convenção, numa extensão de 71 centímetros. Quanto maior a tração, maior o alcance e a velocidade da flecha e mais reta a trajetória, mas também mais difícil mirar. A tração adequada para caçar pássaros (alta precisão, pouca força, alcance de poucos metros) é 6 a 12 quilos, para tiro ao alvo (máxima precisão entre 40 e 70 metros, pouca força) é de 12 a 20 quilos, para caça grossa (força razoável, alcance de até 25 metros), 20 a 30 quilos e para a guerra (precisão limitada, força máxima, alcance superior a 200 metros), 30 a 70 quilos.

Se o arco for muito espesso, tenderá a rachar quando envergado. Se for muito delgado, acumulará pouca energia. Arcos mais longos e largos permitem acumular mais energia (a tensão se multiplica por um volume maior) e são mais fáceis de mirar, mas são incômodos de transportar e manejar. Uma tensão moderada é suficiente para a caça e o tiro ao alvo, mas um artesão de arcos de guerra geralmente procura uma combinação de formato e material que proporcione o máximo de tração com menor comprimento, unindo elasticidade e resistência e ao mesmo tempo maior durabilidade no ambiente em que serão usados. Alguns materiais (principalmente colas, chifre e couro cru) são estragados pela umidade e a madeira tanto pode rachar em ambiente muito seco quanto envergar em ambiente úmido. Na falta dos materiais ideais, o objetivo é buscar a melhor solução para o material disponível.

Manter o arco com corda o deforma, fazendo-o perder sua tração. Para conservá-los, os arcos geralmente devem ser guardados sem corda e deitados, para serem encordoados apenas no momento de usar. Em alguns casos devem ser oleados, para protegê-los da umidade.

Segundo o formato que tomam quando desencordoados, os arcos podem ser:

- **Arco decurvo** (*decurve bow*) – mesmo desencordoado, suas pontas se curvam para trás, na direção do arqueiro. Isso mantém baixa a tensão da corda e permite que o arco seja guardado armado, sempre pronto para o uso, mas também significa que a tração é baixa. Foi usado por povos que careciam de madeira forte e elástica.

- **Arco reto** (*straight bow*) – desencordoado, fica praticamente reto. Quando montado, só as pontas da corda ficam em contato com o arco, o que diminui o risco de erros e torna o arco mais estável.

- **Arco simétrico** (*symmetrical bow*) curva-se aproximadamente em arco de círculo. Isso inclui a maioria dos arcos de madeira de boa qualidade e a maioria dos arcos usados por povos tribais, bem como pelos europeus ocidentais da Idade Média e Renascença.

- **Arco assimétrico** (*asymmetrical bow*) – tem o limbo inferior mais curto e delgado que o superior, de modo que a empunhadura fica bem abaixo do centro, às vezes a um terço do comprmento. O limbo inferior pouco se enverga, de maneira que a maior parte da tensão se acumula no superior. É uma forma adequada para arcos mais longos que a estatura do usuário (principalmente se usados na posição ajoelhada), e também é a forma natural de um arco primitivo de galho ou bambu, mais fino numa ponta que na outra. É a forma dos arcos longos ingleses e dos *yumi* japoneses.
- **Arco recurvo** (*recurve bow*) – é um arco cujas pontas se curvam para a frente quando desencordoado. Exige material mais rígido e elástico e proporciona 25% mais tração quando esticado na mesma extensão.
  - **Arco recurvo sem contato** (*non-contact recurve bow*) – desencordoado, forma uma curva suave e simples para frente, como um parêntese. Em uso, o ângulo das pontas da corda com o arco é menor que no arco reto, mas sem contato.
  - **Arco revertido** (*setback limbs bow*) – desencordoado, forma um V suavizado para a frente. Permite maior tração quando pouco esticado, mas ela aumenta muito rapidamente quando se estende mais a corda.
  - **Arco deflexo** (*deflex bow*) – desencordoado, forma uma curva dupla (um W suavizado). As partes da corda próximas da ponta ficam em contato com o arco, o que diminui a estabilidade e aumenta o risco de erros, exigindo mais perícia. É o arco olímpico moderno e também muitos arcos orientais. Uma variante comum tem curva tripla, o chamado "arco de Cupido", cujo formato originalmente determinado pelo uso de chifres de íbex pelos citas foi depois mantido com outros materiais por razões de tradição ou estética.
  - **Arco reflexo** (*reflex bow*) – desencordoado, se curva todo para a frente e forma um C de pontas opostas ao

arqueiro, às vezes com as pontas chegando a se cruzar. Quando encordoado, parte da corda fica em contato com o arco. Exige materiais compósitos extremamente flexíveis e de alta qualidade, bem como muito treinamento e perícia para o uso. Foi usado por civilizações antigas do Oriente Médio e Mediterrâneo, por nômades da Ásia Central e por chineses, indianos e coreanos.

Para arcos com tração de 23 quilos a 71 centímetros, disparando uma flecha convencional de 32 gramas, atingem-se as seguintes distâncias e velocidades:

Alcance e velocidade com diferentes tipos de arcos

Tipo	velocidade da flecha (km/h)	energia da flecha (simétrico=100)	alcance (metros)
arco decurvo	155	87	140
arco simétrico	165	100	145
arco assimétrico	150	81	130
arco recurvo sem contato	170	107	160
arco revertido	165	103	155
arco deflexo	180	121	175
arco reflexo	200	144	>200

Fonte: "The causes of the arrow speed", Tim Baker, in *Primitive Technology 2*, org. David Westcott (dados originais convertidos para o sistema métrico)

Arcos simples

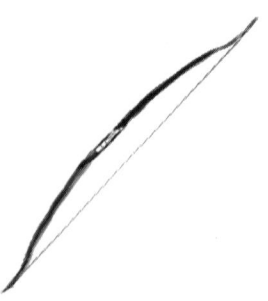

Um **arco simples** (*self bow*) é feito de uma peça única, eventualmente com acréscimo de detalhes como encaixes de flechas e empunhadura. Na Europa continental, preferiu-se o teixo (*Taxus sp.*) ou, onde essa madeira não estava disponível, como na Inglaterra, o freixo (*Fraxinus excelsior*), o olmo (*Elmus sp.*) o bordo (*Acer sp.*) ou a acácia (*Acacia sp.*). No sudoeste da América do Norte, de laranjeira-da-virgínia (*Maclura pomifera*) e choupo (*Populus sp.*). Nas florestas do leste da América do Norte, de nogueira-pecã (*Carya sp.*), freixo branco (*Fraxinus americanus*) ou carvalho branco (*Quercus alba*). Na China, de amoreira (*Morus alba*) ou bambu e no Japão e sul da Ásia, geralmente de bambu.

No Brasil, os tupis preferiam a palmeira bocaiúva ou macaúba, também chamada coco-de-espinho ou coco-baboso (*Acrocomia totai*). Os povos do Xingu usam o ipê ou pau-d'arco (*Tabebuia sp.*) e o pau-ferro (*Connarus suberosus*), os "gaviões" do Pará (timbiras) usam a aroeira vermelha (*Schinus molle*), os povos do Alto Amazonas a pupunha (*Bactris gasipaes*) e outros indígenas da Amazônia a palmeira tucum (*Astrocaryum vulgare*).

A madeira deve envelhecer pelo menos duas semanas antes de ser usada e alguns artesãos preferem envelhecê-la por anos. A técnica é simples e mesmo povos primitivos podem criar um arco utilizável com poucas horas de trabalho. Um artesão moderno, com oficina e máquinas motorizadas, pode fazer um arco em dez ou vinte minutos.

Arcos de brinquedo (*toy bows*) são feitos pelos índios brasileiros para suas crianças os usarem como brinquedos e começarem a aprender a atirar e para serem vendidos a turistas como artesanato. Geralmente têm 60 centímetros de comprimento e tração de até 4 quilos.

Um **arco curto** (*shortbow*), com menos de 1,2 metro (tipicamente

90 centímetros), é o mais adequado para a caça de aves e animais de pequeno porte, pois neste caso a possibilidade de disparar com rapidez é mais importante do que alcance, velocidade ou dano elevado. A tração não passa de 7 ou 8 quilos. O peso varia de 200 a 500 gramas e o alcance de 100 metros.

Um **arco médio** (*regular bow*) do tipo mais usado por povos pré-históricos e povos tribais modernos tem de 1,2 a 1,8 metro (tipicamente 1,4 a 1,7 metro de comprimento) e tração de 20 a 25 quilos. É eficiente na caça, quando se atira a distância relativamente curta e a precisão é mais importante que a força e na guerrilha, em tiros de tocaia. Na guerra aberta de civilizações antigas e medievais, em que alcance e potência são mais decisivos, esses arcos eram menos eficazes que as fundas e serviam apenas para fustigar os inimigos. O peso da arma varia de 500 gramas a um quilo. O alcance é de até 150 metros.

O **arco mojave** (*Mojave bow*), dos indígenas das regiões desérticas do atual estado de Nevada e sudeste da Califórnia, nos EUA, era um arco decurvo de madeira de salgueiro, de 1,5 metro.

Um **arco longo** (*longbow*) tem comprimento maior que a altura do usuário, 1,8 metro ou mais, com tração de 30 quilos ou mais. Arcos de dois a três metros foram usados por indígenas para caçar aves de voo alto (às vezes segurados com mãos e pés, como retrata um quadro de Jean-Baptiste Debret), mas foram os arqueiros ingleses que o tornaram mais conhecidos. O peso varia de um a dois quilos e o alcance é superior a 200 metros.

O **arco longo inglês** (*English longbow*) é assimétrico e tem uma seção transversal em forma de D, enquanto a maioria dos arcos simples têm seção retangular. Feito de madeira de teixo, tem 1,9 a 2,1 metros de comprimento e tração de 40 a 80 quilos. Disparavam flechas de 76 centímetros e 54 gramas a distâncias de 330 metros e de 96 gramas a 250 metros. Henrique VIII não permitia treinamento a menos de 200 metros e, segundo relatos da época, um arqueiro acertava um homem "parte das vezes" a 165 metros. O arco de Robin Hood seria provavelmente desse tipo. Como a maioria dos arcos de guerra, era geralmente usado em massa e em tiro indireto, no extremo do alcance, sem pontaria, mas provocando uma chuva de flechas capaz de matar guerreiros com cota de malha. Foi usado de 1100 a 1640 e mais intensamente de 1250 a 1450. Marcou a Guerra dos Cem Anos, a partir da batalha de Crecy (1346) e teve seu auge na batalha de Agincourt (1415), que decidiu a favor dos ingleses. Depois disso, as armas de fogo gradualmente os tornaram obsoletos. O último combate militar no qual foram usados na Europa foi a Guerra Civil inglesa, em 1642.

O **arco longo galês** (*Welsh longbow*) era semelhante ao inglês, mas feito de olmo.

Arcos desmontáveis

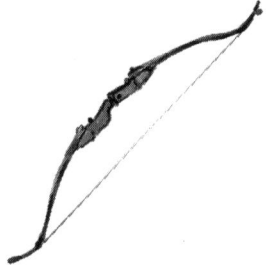

O **arco desmontável** (*take-down bow*) é feito de dois limbos de madeira ou de outro material que se encaixam numa empunhadura, de modo que o arco pode ser desmontado para ser guardado e transportado com maior comodidade, ou facilmente escondido. Os primeiros a usar esses arcos foram os ninjas. Hoje são comuns na arqueiria esportiva, embora alguns caçadores os rejeitem devido ao ruído que fazem ao serem montados.

Arcos reforçados

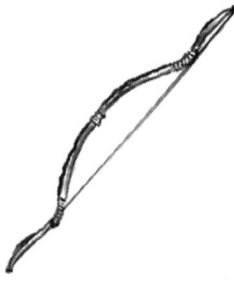

O **arco reforçado** (*cable-backed bow, reinforced bow*) tem um cabo no dorso (parte dianteira) de tendões ou fibra vegetal ou sintética, apertado para aumentar a tração e compensar a qualidade inferior do material do arco. Os inuits (esquimós) usaram cabos de tendões de animais para reforçar seus arcos feitos de barbatana de baleia, chifre, galhada de veado ou pedaços de madeira trazidos pelo mar. Amarram o feixe de tendões com nós de meia-volta a vários pontos dos limbos do arco e os torcem e apertam com um pino de madeira.

Arcos laminados

Os **arcos laminados** (*laminated bows*) são feitos com lâminas coladas de bambu ou madeira. Foram usados pelos árabes e por povos do norte da Eurásia (inclusive lapões) e extremo oriente.

O arco japonês (*yumi*) do tipo **daikyu** ("arco grande") é um arco laminado longo e assimétrico feito com várias lâminas de bambu e um pouco de madeira coladas com cola de couro de veado e cobertas com laca. Esse material não suporta tanta tensão quanto o compósito de tendões, madeira e chifre de outros arcos asiáticos, mas compensa isso com um tamanho ainda maior que o do arco longo inglês.

Quando usado na prática do kyudô, o *yumi* tem tração de 18 kg a 20 kg para homens e 14 kg a 16 kg para mulheres. Seu tamanho é graduado conforme a estatura do arqueiro:

- *sansun-tsumari*, para arqueiros de menos de 1,5 metro. Tem 2,12 metros e lança flecha de 85 centímetros;

- *namisun*, para estatura de 1,50 a 1,65 metro. Tem 2,21 metros e lança flechas de 85 a 90 centímetros;

- *nisun-nobi*, para estatura de 1,65 a 1,80 metro. Tem 2,27 metros e lança flechas de 90 centímetros a um metro;

- *yonsun-nobi*, para estatura de 1,80 a 1,95 metro. Tem 2,33 metros e lança flechas de 1 a 1,05 metro;

- *rokusun-nobi*, para estatura de 1,95 a 2,05 metros. Tem 2,39 metros e lança flechas de 1,05 a 1,10 metro;

- *hassun-nobi*, para estatura superior a 2,05 metros. Tem 2,45 metros e lança flechas de mais de 1,10 metro.

O também japonês **hankyu** ("meio-arco") é um arco curto de 95 centímetros e tração de 15 quilos, suficientemente pequeno para ser usado em um palanquim, ou mesmo para ser escondido sob um quimono.

Os chineses usaram arcos laminados do Período das Primaveras e Outonos à dinastia Han (770 a.C.–220 d.C.), feitos com lâminas de bambu ou de amoreira de 1,2 a 1,5 metro.

Arcos compósitos de pontas flexíveis

Os **arcos compósitos** (*composite bows* – não confundir com *compound bows*, "arcos compostos") são feitos de dois ou mais tipos de materiais colados juntos, geralmente chifre na face ou barriga (a parte voltada para o arqueiro), madeira no núcleo e tendões ou fibras vegetais no dorso (voltado para fora), unidos com cola de peixe ou de couro e envolvidos com casca de árvore, couro ou pele de tubarão para preservá-los da umidade. Os mais antigos tinham pontas flexíveis (*working points*), que se curvavam junto com o restante do arco.

A fabricação de arcos compósitos é bem mais custosa e demorada do que a de arcos simples, devido à necessidade de colar os materiais e deixá-los secar. No mínimo, 3 ou 4 dias, mais tipicamente uma semana – ou meses, para um resultado perfeito com técnicas tradicionais. O resultado, porém, é um arco que suporta mais tensão que um arco simples de madeira da melhor qualidade e tamanho. O alcance é de 300 metros.

Os **arcos compósitos deflexos** foram inventados pelos egípcios até 2.800 a.C., talvez antes. Eram feitos de chifre e madeira, com couro e fibras vegetais no dorso.

Os **arcos compósitos reflexos** foram inventados pelos assírios por volta de 1.600 a.C. e muito usados na Antiguidade por guerreiros a cavalo como os citas, que precisavam usar arcos mais curtos do que guerreiros a pé sem prejuízo da potência e também foram adotados pelos persas aquemênidas e pelos macedônios. Com 1,15 a 1,25 metro, um arco compósito proporcionava uma tração equivalente a de um arco simples longo. Lançavam flechas de 50 a 60 centímetros e tinham núcleo de madeira. Foram usados até o século I a.C.

Arcos compósitos de pontas rígidas

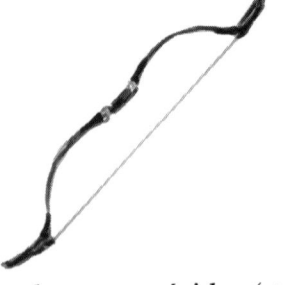

Os **arcos compósitos de pontas rígidas** (*static composite bow*) tem as pontas superior e inferior e geralmente também a empunhadura rígidas (*static*), endurecidas com ripas de osso ou galhada de veado. Essas seções rígidas não se curvam com o restante do arco e mudam o ângulo da corda quando o arco está inteiramente tracionado, permitindo-lhe acumular 25% mais energia para a mesma força de tração. O alcance é de 350 metros ou mais.

Essas pontas rígidas se chamam *siyah* em árabe, *kasan* em turco e *szarv* em húngaro. Foram inventados por nômades da Ásia Central por volta do século IV a.C. Entre os séculos III e II a.C., surgiram na região do lago Baikal as empunhaduras rígidas, que logo se espalharam da Coreia à Crimeia. Esses arcos chegaram ao Oriente Médio com os partas em 247 a.C., à China com os xiongnu no século I a.C. e à Europa com os alanos e hunos nos século III e IV d.C. Foram adotados pelos romanos do tempo do Império e por seus sucessores bizantinos no Oriente, mas esquecidos pelos germânicos que conquistaram o Império do Ocidente. Adotaram-no apenas nas bestas, depois de travarem contato com os arcos compósitos árabes nas Cruzadas.

O **arco parta** tinha 1,2 metro. Era tão reflexo que suas extremidades se cruzavam no sentido contrário quando livre da corda. O arco acabado era coberto de casca de árvore, couro fino ou pele de tubarão para protegê-lo da umidade.

O arco **indo-persa** é uma evolução do arco parta, usado na Índia e Irã da Idade Média até cerca de 1820, com 1,5 metro.

O **arco húngaro** ou magiar era um arco reflexo de 1,5 metro.

O **arco mongol**, feito de chifre de búfalo, tendões, bambu e madeira e casca de bétula (*Betula sp.*) foi um dos mais potentes e eficazes da história. Tem 1,58 metro e tração de 40 a 75 quilos. Uma estela mongol comemora o feito de um arqueiro chamado Esungge, sobrinho de Genghis Khan, que, em 1226, acertou um alvo a 536 m.

O **arco otomano** era menor, mas também extremamente potente. Com 1,05 a 1,1 metro, tinha tração de 25 a 60 quilos, com extensão de 71 a 74 centímetros. Tinham núcleo de madeira de bordo, face de chifre de búfalo e dorso de tendão de boi, coberto com casca de bétula, couro ou verniz. Os arqueiros turcos conseguiam lançar flechas "voadoras" ultraleves a até 850 metros de distância (recorde de Tozkoparan Iskender e Bursali Shuja no início do século XVI). Foram usados na infantaria até o século XVI e na cavalaria até o início do XIX.

Os arcos chineses das dinastias Yuan e Ming se basearam nos arcos turcos, assim como os arcos coreanos. O **arco chinês** da dinastia Han tinha 1,3 metro e disparava uma flecha de 73,5 centímetros. O **arco coreano** (*hwal*) tem 1,2 a 1,3 metro de comprimento e tração de 15 a 30 quilos. Tem núcleo de bambu reforçado com tendões, empunhadura de carvalho e face de chifre de búfalo. As *siyahs* são de amoreira ou acácia-bastarda (*Robinia pseudoacacia*) e emendadas em V no bambu. A cola é feita de bexiga de peixe e a cobertura dos tendões é de casca de bétula embebida por um ano em água do mar. O alcance chega a 350 metros.

O **arco manchu** tinha 1,7 metro, lançava flechas grandes com velocidade moderada e foi adotado na China da dinastia Qing, de origem manchu. O **arco tibetano** é semelhante, com 1,7 metro, tem propriedades também parecidas. Feito de chifre de búfalo ou iaque, tendões, madeira de tamareira negra no miolo e madeira de amoreira nas orelhas, foi usado pelo exército do Tibete até a ocupação chinesa de 1959.

Os chineses tinham também um arco composto de cerca de 1,78 metro com a extraordinária tração de 90 quilos, usado para testar a força dos arqueiros em exames militares.

O **arco olímpico** usado nas principais competições modernas de arqueiria é um arco recurvo cujos únicos acessórios permitidos são uma empunhadura ergonômica e um apoio para a flecha. São desmontáveis e feitos de dois limbos de laminados de fibra de vidro, madeira ou fibra de carbono, montados num corpo (empunhadura) de alumínio ou magnésio. Tem 1,65 metro. No "estilo livre", permite-se também o uso de mira e estabilizador, que tornam mais preciso o tiro a longa distância. Pesa de 750 gramas a 1,25 quilo.

Arcos duplos

O **arco duplo** (*double bow*) é composto por dois arcos sobrepostos e unidos, sendo o menor anterior e preso ao posterior no centro pela empunhadura e atado às pontas por cabos. Foram inventados pelo cacique penobscot (ou panawahpskek) Frank "Big Thunder" Loring no Maine, EUA, por volta de 1900. Mesmo feito de materiais simples, o arco duplo amplia em cerca de 60% a tração do arco para um mesmo comprimento, aproveita melhor a força do arqueiro e permite ajustar a tração à necessidade do arqueiro, antecipando algumas das vantagens dos arcos compostos modernos. Uma peça de 1,8 metro, usada só com o arco posterior, equivale a um arco simples com tração de 25 quilos; usada como arco duplo, atinge 40 quilos.

Arcos compostos

O **arco composto** (*compound bow* – não confundir com *composite bow*, "arco compósito"), inventado nos EUA em 1966, é feito de materiais modernos (fibra de vidro e grafite) e dotado de polias que permitem acumular 60% a 200% mais energia para a mesma tração. Costuma incluir excêntricos que permitem travar as polias e manter a corda tracionada sem esforço adicional. A produção das peças exige instalações industriais, mas o arco pode ser montado a partir das peças em 20 a 60 minutos, se as ferramentas adequadas estiverem disponíveis. Pode incluir acessórios, tais como empunhadura ergonômica, mira, luneta, estabilizador (para tiro rápido) e abafador de vibração (para reduzir o som e evitar espantar a caça). Às vezes é dobrável, para ser guardado e transportado com maior comodidade. Um arco composto tem tipicamente tração de 12 a 15 quilos e comprimento de 1,1 a 1,7 metro. Seu uso não é permitido nas competições olímpicas, mas são admitidos nas paraolimpíadas. Pesam cerca de dois quilos.

Flechas

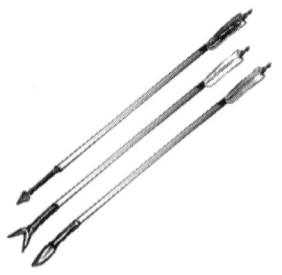

O comprimento das flechas ou setas (*arrows*) geralmente é a amplitude de extensão do arco mais dois a três centímetros, o que para a maioria dos arcos simples e laminados significa 35%-45% do comprimento do arco e para os arcos compósitos mais flexíveis, até 70%, o que significa flechas de 30-40 centímetros para arcos curtos, 70 a 80 centímetros para a maioria das flechas de guerra e 85 centímetros a 1,1 metro para flechas japonesas. Mas os povos tribais das selvas da América do Sul (inclusive Brasil) e Sul da Ásia preferiram flechas um pouco mais longas que o próprio arco, em média 1,7 metro, às vezes mais de dois metros. A razão talvez seja que o comprimento maior dá à flecha maior inércia e facilita atravessar folhagens para caçar aves e animais arborícolas ou atravessar a água de rios para acertar peixes.

Isso torna, porém, pouco prático o uso de aljavas, de modo que a maioria dos índios da selva leva as flechas na mão (salvo quando são envenenadas, sendo então levadas num canudo). As aljavas, carcases ou fáretras (*quivers*), com ou sem tampa, são usados por todos os demais povos e conhecidos pelo menos desde 3.300 a.C. Pode-se levar 12 flechas numa aljava de ombro ou 20 numa de cintura. Arqueiros de infantaria costumam plantar as flechas no chão e colhê-las uma a uma enquanto disparam, para aumentar a cadência de tiro. A preparação demanda algum tempo, que pode ser aproveitada pelo inimigo para dispersá-los.

Para as flechas, prefere-se madeiras leves e flexíveis. Europeus pré-históricos faziam flechas com madeira de viburno ou noveleiro (*Viburnum lantana*), mas na Idade Média as flechas eram mais frequentemente de choupo (*Populus tremula*), fazendo-se também de faia (*Fagus sylvatica*), freixo (*Fraxinus angustifolia*) e aveleira (*Corylus avellana*). As japonesas são feitas de uma espécie de bambu conhecida como *yadake (Pseudosasa japonica)*. Os tupis preferiam madeira de Bocaiúva (*Acrocomia mokayayba*), mas a maioria das flechas feitas por indígenas brasileiros são de taquara. No Xingu, preferem-se flechas feitas de ubá, aratazeiro ou cana-de-flecha (*Gynerium sagittatum*). Atualmente, são feitas de cedro, fibra de carbono ou tubos ocos de alumínio. O diâmetro da haste varia de 3 milímetros nas flechas "voadoras" de fibra de carbono de maior alcance a 13 milímetros nas flechas de guerra de madeira mais pesadas, sendo o padrão cerca de 8 milímetros para flechas de caça, 8-9 para as japonesas e 9,5 para as flechas de guerra ocidentais.

Flechas geralmente são empenadas com três rêmiges, tiradas das pontas das asas de aves grandes e presas com linha e cola, exceto as para atirar em peixes, que não são empenadas. Hoje se usa penas de peru, mas os europeus medievais preferiam de ganso ou cisne, os orientais de águia, gavião, garça ou faisão e os índios brasileiros de mutum, arara, garça, harpia ou gavião. Japoneses preferiam penas de aves de rapina e usavam alternadamente flechas feitas com penas que se curvam para a esquerda, chamadas *haya*, que giram em sentido horário e para a direita, chamadas *otoya*, que giram em sentido anti-horário.

O peso das flechas deve ser proporcional à tração do arco. Para flechas de tiro ao alvo, a tração deve variar de 900 a 1.400 vezes o peso da flecha. Para flechas penetrantes, de combate, o padrão é tração de 700 vezes o peso da flecha. Quando o objetivo é o máximo de alcance, mesmo à custa da durabilidade do arco e do risco de rompimento da corda, a tração chega a 4.300 vezes o peso da flecha.

- Flechas pesadas em relação à tração do arco (60 a 120 gramas para um arco de guerra médio), provocam mais dano, mas são mais lentas e têm menor alcance. São usadas principalmente contra alvos com armaduras.

- Flechas médias (30 a 60 gramas) são mais eficientes na maioria das situações.

- Flechas leves (15 a 30 gramas), usadas principalmente em tiro ao alvo, voam mais longe e rápido e com mais precisão, provocando menos dano.

- Flechas voadoras ou *flight arrows* (menos de 15 gramas) são pequenas e tão aerodinâmicas quanto possíveis, feitas para serem lançadas à maior distância possível, sem preocupação com precisão ou dano. São comuns na Turquia e nos países árabes, onde o tiro ao arco à distância é um esporte popular. Normalmente, só tem uso esportivo, mas poderia ser usada para sinalização ou para enviar mensagens. As hastes são leves e longas, as cabeças muito pequenas e as "penas" podem ser folhas de navalha. O recorde de distância com arcos manuais convencionais é de 850 metros.

Há uma grande variedade de flechas segundo o tipo de ponta, incluindo:

- **De pedra lascada** (*flint-headed*), primitivas, com pontas de sílex ou outra pedra dura, usadas desde o paleolítico. Cerca de 60 gramas.

- **De madeira ou bambu** (*wood/bamboo*), com ponta endurecida no fogo e aguçada, o tipo mais comum entre os ameríndios. Essas flechas saem facilmente da carne do animal (porco do mato, tatú, paca, anta, jacaré etc., no caso dos índios brasileiros), deixando-o sangrar até a morte. A partir de 30 gramas, chegando a mais de 100 nas grandes flechas usadas por índios brasileiros.

- **De ponta de osso, ferrão de arraia e espinhos de plantas,** para abate de aves e eventualmente de peixes. Indígenas brasileiros hoje às vezes as substituem por pedaços de metal, tirados de latas e outros vasilhames dos brancos.

- **Rombuda** (*blunt head*), flecha sem ponta, ou com ponta esférica (de coquinho, por exemplo) ou forma de pião (de pedra ou madeira), para derrubar frutas ou caçar pássaros e animais pequenos sem estragar a pele ou manchar as penas de sangue. Nesse caso, a presa atordoada cai e a flecha não fica travada na copa das árvores e é facilmente recolhida. Às vezes tem rêmiges particularmente grandes (chamado *flu-flu*), que produzem muito arrasto, de maneira a estabilizar a flecha mas reduzir o alcance, o que a torna mais fácil de encontrar. 20 a mais de 100 gramas.

- **De obsidiana** (*obsidian-headed*), muito cortante, mas frágil, quebrando-se contra qualquer proteção. Cerca de 60 gramas.
- **Serrilhada** (*serrate*), com ponta serrilhada, que se prende à caça e é difícil de arrancar. São usadas por caçadores tribais para caçar animais médios e ariscos, como macacos e gatos selvagens. A partir de 20 gramas.
- **Tridente** (*trident*), sem penas, com três ou mais pontas, usada principalmente na pesca. As usadas pelos índios caxinauás do Brasil, chamadas txaras, são citadas pelo *Macunaíma* de Mário de Andrade na mão de uma icamiaba.
- **Envenenada** (*poison head*): qualquer flecha que provoque dano por corte ou perfuração pode ser envenenada, mas flechas especialmente feitas para esse fim têm pontas longas e finas com ranhuras, para o veneno penetrar melhor. 50 a 100 gramas
- **Ponta larga** (*broad head*, no Japão *yanagi-ba*, "folha de salgueiro"), com ponta com forma de folha, triângulo ou losango, pontuda e com dois gumes cortantes, mas sem farpas. 60 gramas quando usadas em arcos de guerra. As japonesas podiam ser cuidadosamente elaboradas e muito artísticas. 40 gramas.
- **Ponta estreita** (*spear head*, no Japão *togari-ya*, "ponta aguçada") incomum no Ocidente, mas a flecha padrão no Japão dos samurais, com ponta semelhante à de uma lança, cortante, mas também usada para perfurar armaduras. 40 gramas.
- **Estilete** (*bodkin point*), flecha de haste pesada e ponta de metal e sem farpas (ou quase) de uns 6 centímetros de comprimento. Foram usadas por arqueiros antigos e medievais para perfurar armaduras de placas. Cerca de 75 gramas.
- **Agulha** (*needle point*) ponta mais fina e longa (10 centímetros) que o estilete, também para perfurar armaduras, com peso de 60 gramas.
- **Farpada** (*barbed point*, no Japão *watakusi*, "rasga-carne"), a forma tradicional de "ponta de flecha" com ponta triangular ou em folha, de bronze ou ferro, de cerca de 5 cm de comprimento e farpas voltadas para trás. Era a mais usada na guerra

e na caça a animais grandes, prendendo-se na carne com as farpas de forma a agravar ainda mais o ferimento quando retirada. Cerca de 60 gramas quando usada num arco longo ou equivalente. As japonesas tinha ponta de 2,5 a 15 cm e às vezes gume serrilhado. Bem trabalhadas, eram mais precisas que as flechas europeias medievais. 40 gramas.

- **Cauda de andorinha** (*swallowtail*), uma flecha farpada com asas curvas e largas, de modo a aumentar a superfície de corte e atingir distâncias maiores (mais de 180 metros). 60 gramas.

- **Bifurcada** (*crescent point* ou *horse galling head*, no Japão *karimata*, "bifurcada") flechas com pontas em forma de forquilha ou lua crescente, voltadas para a frente, com gume afiado. Podiam servir para cortar asas de aves ou tendões das patas de animais (ou pessoas) e impedir sua fuga. Também teriam sido usadas para decapitar avestruzes e cortar cordas de navios e máquinas de guerra. 40 gramas.

- **Cinzel** (*chisel head*) lâmina aguçada em bisel, para cortar e penetrar armaduras de couro. 60 gramas.

- **Incendiária** (*incendiary*) com uma bucha de material inflamável enrolada na haste e acesa (na Idade Média, geralmente trapos embebidos em óleo). Às vezes com uma pequena "gaiola" de arame ou furos laterais para prender a bucha. 60 gramas.

- **Pirotécnica** (*pyrotechnic*) usada por ninjas e carregada com pólvora e efeitos pirotécnicos, para distrair o inimigo com a luz e o ruído, principalmente quando lançadas em salvas à noite. Também pode ter efeitos incendiários. 60 gramas.

- **Assobiadora** (*humming, whistling, turnip-head*, no Japão *kaburi-ya*, "flecha assobiadora"), flecha de cabeça bulbosa com furos que assobiam quando voa. No Japão e entre os mongóis, era costume começar uma batalha disparando essas flechas sobre a cabeça dos inimigos como forma de guerra psicológica, mas elas também podiam ser usadas para sinalização. Às vezes, os arqueiros enchiam a ponta da flecha com pólvora e a acendiam, criando uma flecha incendiária. 40 gramas.

- **De tiro ao alvo** (*target point*), usada em arqueiria esportiva, tem ponta pequena e metálica em forma de ogiva, que é mais aerodinâmica e não penetra fundo, para facilitar sua retirada e causar menos dano ao alvo. Cerca de 20 gramas.

- **De campo** (*field point*), usada modernamente para caçar, tem ponta mais aguçada que a de tiro ao alvo, pois visa ferir e matar a presa. Cerca de 30 gramas.

- **Ponta judô** (*judo point* ou *grass catcher*) é uma flecha rombuda com uma armação de arame em torno da ponta, de cerca de 3 cm de diâmetro (até 6,5 cm em alguns modelos) para não se enterrar facilmente no mato quando erra. 20 gramas.

- **Ponta larga moderna** (*modern broadhead*) tem três ou quatro farpas metálicas e aerodinâmicas, o que lhe dá mais precisão que às flechas farpadas tradicionais e é igualmente difícil de arrancar da carne. 30 gramas.

- **Ponta larga expansiva** (*expanding broadhead*) é uma flecha moderna de caça com lâminas que se abrem com o impacto. É mais útil para caçar peixes, pois as farpas expansivas tornam a flecha muito difícil de remover da carne. 40 gramas.

Bodoques

O **bodoque** (*pellet bow*) é usado por indígenas da América do Sul (inclusive Brasil) e também na China, Índia e Sudeste Asiático. É um arco que em vez de flechas, lançam pelotas de argila cozida (também chamadas bodoques), pedras, coquinhos ou nós de pinho, para derrubar pássaros sem estragar as penas ou capturá-los como mascotes. No sul da Ásia, costuma ser feito de bambu. Geralmente não têm mais de 90 centímetros e a força de tração não passa de 10 a 12 quilos. As pelotas ou bodoques de argila cozida costumam ter cerca de 10 gramas.

O **bodoque chinês** é feito de madeira revestida com tendões de animais e decorado com pele de cobra e pontas esculpidas com a forma de cabeça de macaco. Tem duas cordas feitas de seda e tiras de bambu, que sustentam um baladeira que pode ser um copinho de bambu coberto com pele de tubarão ou uma bolsinha. O arco é tracionado com uma mão segurando a empunhadura abaixo do centro e as cordas torcidas lateralmente de forma que a pelota não atinja a empunhadura quando lançada. O polegar e indicador da outra mão seguram a pelota contra a baladeira e a aproximam do olho do arqueiro. O tiro é feito mirando acima do alto da empunhadura, alinhada com o copo.

O **bodoque indígena** usado no Brasil funciona de maneira semelhante, mas usa uma baladeira de corda com forma de H.

O **bodoque tailandês** é feito de dois arcos de bambu presos lado a lado pelas pontas e mantidos separados por barras laterais. A pelota é disparada entre os arcos.

O **estilingue** (*slingshot*), também chamado **atiradeira** (português brasileiro) ou **fisga** (português europeu) é uma forquilha de madeira ou de metal, em cujas extremidades se prende uma tira elástica (geralmente de borracha), para atirar pedrinhas, chumbo grosso de caça ou rolamentos de aço de 6 a 13 milímetros. Surgiu nos EUA em 1860, pouco depois de inventada a borracha vulcanizada (1844). Um modelo vendido comercialmente nos EUA em 1948 era capaz de lançar flechas com tração de 20 quilos. O alcance é de uns 25 metros.

Bestas

A **besta** ("bésta", arma, com pronúncia diferente de "bêsta", irracional) ou **balestra**, chamada em inglês *crossbow*, francês *arbalète*, castelhano *ballesta*, italiano *balestra*, alemão *Armbrust*, é uma arma portátil que consiste de um arco de madeira, chifre ou aço (chamado em inglês *prod* em geral e *lathe* quando de aço, não *bow*), montado numa haste (*tiller* ou *stock*), cujas extremidades são ligadas por uma corda presa a uma trava ou lingueta chamada noz (*nut* ou *catch*). Na ponta superior da haste, junto ao arco, há um estribo ou argolão (*stirrup*) ou pelo menos um laço (*loop*), no qual o besteiro põe o pé enquanto arma o arco. Ao se acionar o gatilho (que nas bestas medievais é uma alavanca de metal grande, não um gatilho de pistola) arremessa flechas (*arrows*), virotes (*bolts*, flechas curtas) ou pelouros (*pellets*, balas de metal redondas). As bestas mais potentes precisam de mecanismos complexos para ser armadas, como a garrucha ou armatoste (*cranequin*). A técnica de usar a besta chama-se besteria.

Em relação ao arco longo, a maior desvantagem da besta era a cadência de tiro: um arqueiro bem treinado disparava 12 flechas por minuto, enquanto um besteiro conseguia 6 com as bestas mais simples ou 1 ou 2 com as mais complexas e potentes. Por outro lado, bestas comunicavam mais energia ao projétil, podiam perfurar armaduras e seu uso podia ser aprendido com uma semana de treinamento, ao passo que a formação de um bom arqueiro militar leva anos. Além disso, podiam ser usados por um cavaleiro sem grande dificuldade, ao passo que a arqueiria montada é uma arte que nenhum povo europeu chegou a dominar.

As primeiras bestas de assédio (armas de artilharia, não armas brancas) surgiram na China, no século VI a.C., mas as primeiras bestas portáteis são do século IV a.C. Os gregos tinham bestas de assédio, chamadas gastrafetas, desde o século III a.C. e bestas portáteis (*arcuballistas*, *manuballistas* ou *cheiroballistas*) são mencionas pelos romanos a partir do século II d.C.

Ao menos na caça, o uso de bestas continuou na Alta Idade Média, mas o primeiro uso militar atestado na Europa se deu na batalha de Hastings, em 1066. No século XII, ao adotarem os arcos compósitos de origem árabe, as bestas tornaram-se mais eficazes e logo passaram a ser mais comuns que os arcos na maioria dos exércitos europeus. Com ela, um peão com uma semana de prática podia matar em segundos um cavaleiro de armadura com anos de treinamento, um sério desafio à ordem medieval. No Segundo Concílio de Latrão (1139), o Papa Inocêncio II proibiu seu uso contra cristãos, mas essa determinação foi letra morta.

Bestas foram usadas tanto por cavaleiros quanto por exércitos de mercenários e camponeses rebeldes. Inclusive o legendário Guilherme Tell, que em 1307, por se recusar a cumprimentar o chapéu de Gessler, bailio (governador) da Áustria no cantão de Uri, foi condenado a acertar uma maçã posta na cabeça do filho a 120 passos e acertou. Conforme a lenda, ele tinha na mão dois virotes e Gessler perguntou por quê. Tell respondeu que se por acaso o primeiro matasse o filho, o segundo mataria o bailio. Tell foi preso, mas conseguiu fugir e matar Gessler com o segundo virote, abrindo caminho à independência de Uri e da Suíça, como confederação de cantões governados por camponeses e burgueses livres. Na vida real, os exércitos mercenários da Renascença, inclusive suíços, tornaram obsoleta a cavalaria medieval com ajuda do pique, da alabarda e das bestas. Estas conviveram até meados do século XVII com as primeiras armas de fogo, que tinham menos precisão e eram mais lentas de carregar e mesmo depois continuaram a ser usadas nos exércitos asiáticos. O exército chinês o usou como equipamento regular até o fim do século XIX.

Exércitos modernos continuam a usar bestas em operações especiais, tirando proveito de serem mais silenciosas do que qualquer arma de fogo e serem capazes de abater um terrorista ou inimigo que carregue explosivos sem provocar detonação. Na II Guerra Mundial, bestas foram usadas pela OSS (precursora da CIA) para assassinatos em território inimigo. No Brasil, o Centro de Instrução de Guerra na Selva (CIGS) ensina o uso da besta para eliminar silenciosamente batedores e sentinelas do inimigo. São também usadas por forças especiais da Grécia, Turquia, Sérvia, Espanha e China em pleno século XXI.

Pelo tipo de projétil, as bestas se classificam em três tipos:

Bestas de flechas (*arrow crossbows*) foram provavelmente as primeiras a serem criadas e continuaram a ser usadas por povos tribais até o século XX. Disparam flechas de 60 a 90 centímetros e 20 a 30 gramas, um pouco mais delgadas e leves que as usadas nos arcos e sem encaixe. São pouco precisas, porque flechas tendem a entortar e torcer quando atiradas por trás com grande velocidade, e o caráter mecânico da arma dificulta ao usuário compensar essas dificuldades aerodinâmicas. São mais úteis em tiro indireto, à distância, com a desvantagem de uma cadência de fogo menor que a de um arco.

Bestas de virotes (*bolt crossbows*) usam projéteis de 25 a 35 centímetros e 30 a 120 gramas com ou sem rêmiges, e provavelmente começaram a ser usadas no século IV d.C. Oferecem a melhor precisão, pois um virote perde apenas 20 centímetros de altitude nos primeiros 40 metros de voo.

Bestas de bodoques (*stonebows*) lançam pedrinhas ou bolinhas de argila (bodoques) de uma bolsinha no meio de uma corda dupla, como um bodoque de mão. Surgiram no século XIV para caça de aves e animais pequenos, com tração de 20 quilos e alcance de cerca de 20 metros.

Bestas de pelouros (*prodds*) lançam bolinhas de chumbo (pelouros) pelo mesmo mecanismo das bestas de bodoques, mas com maior potência, usando uma alavanca (*latch*) para armar. Surgiram a partir de 1600 na Alemanha e foram populares na Europa entre 1760 e 1810, permanecendo em uso em partes das Américas no século XIX e início do XX.

Pelo tipo de arco, classificam-se em:

Bestas de arcos simples, feitos de madeira como os arcos de mão do mesmo tipo, mas com arcos não maiores do que 1,2 metro e tração de 20 a 30 quilos. Usados por europeus na Alta Idade Média, viram-se superados quando os cruzados entraram em contato com os arcos compósitos árabes e os adotaram em suas bestas (mas não nos arcos de mão). Continuaram a ser usados na caça, para a qual são mais adequados. Pesam de um a dois quilos e têm até 1,4 metro de comprimento.

Bestas de arcos laminados eram as mais comuns na China histórica, feitas com lâminas de madeira ou bambu coladas umas às outras. Eram intermediários entre os simples e os compostos, suportando tração de até 50 quilos, geralmente com 80 a 90 centímetros. Pesam de um a 2,5 quilos. As bestas chinesas eram mais curtas que as ocidentais e tinham 55 a 80 centímetros de comprimento.

Bestas de arcos compósitos eram usadas no Oriente desde a Antiguidade, foram também usadas pelos romanos e voltaram a ser adotadas pelos europeus a partir do século XII. Eram também chamadas na Europa de "cerveiras", por serem feitas (em parte) de chifre de cervo. Isso possibilitou arcos menores, de 60 a 75 centímetros com 20 a 30 centímetros de extensão, mas que suportavam tração de mais de 100 quilos. Pesavam de 1,5 a 3,5 quilos e tinham cerca de um metro de comprimento.

Bestas de arcos de aço ou **arbalestas** (*arbalests*, castelhano *arbalestas*, italiano *arbalestas*) começaram a ser usados em países cristãos da Europa no século XIV, mas é possível que tenham sido usadas desde o século XI na Espanha islâmica. Um arco de aço (*lathe*) de 75 centímetros suporta uma tração de 450 quilos com 30 centímetros de extensão. As maiores atingiam tração de 2.243 quilos e tinham alcance de 900 metros, mas precisavam de manivelas e de roldanas ou cremalheiras para ser armadas. O aperfeiçoamento da produção do aço tornou essas armas relativamente comuns nos séculos XV e XVI. Pesavam até 10 quilos e tinham cerca de um metro de comprimento.

A **besta composta** (*compound crossbow*) foi inventada nos anos 1960. Usa arco composto, provido de polias que reduzem o esforço para puxá-la e permitem que a corda de bestas relativamente potentes seja puxada com as mãos sem necessidade de mecanismos (embora um pequeno armatoste possa ser encaixado para facilitar o processo, reduzindo o esforço em 90%). A haste tem a forma de uma coronha de espingarda (nos modelos maiores) ou de pistola (nos menores) e o gatilho é como o de uma arma de fogo. Variações:

- **Besta-pistola** (*pistol crossbow*) – tem tração de 25 a 35 quilos, corpo de plástico ou alumínio, comprimento total de 50 centímetros, arco de aço ou fibra de vidro de 40 centímetros e pesa 400 a 600 gramas, disparando virotes a 165-175 km/h, com alcance de 30 metros. Usada para caça miúda e tiro ao alvo.

- **Besta de caça** (*hunting crossbow*) – tem tração de 50 a 70 quilos, corpo de alumínio, arco de aço ou fibra de vidro e dispara virotes a 220 km/h. Tem 80 a 90 centímetros de comprimento e arco de 70 centímetros Pesa 2,5 a 3,5 quilos. Usada para caça grossa.

- **Besta de comando** (*commando crossbow*) – tem corpo de duralumínio, luneta de pontaria e corda de cabo de aço. A tração é regulável de 70 a 140 quilos, sendo o esforço reduzido em 50% pelas polias. O comprimento é de 88 centímetros e o arco de 64 centímetros. Os virotes são disparados a até 330 km/h, o alcance é de 400 a 500 metros e o peso é de 3,8 quilos. Usada por comandos e forças especiais militares, inclusive do exército brasileiro.

Balestrinos são bestas de arcos de aço muito curtas (40 a 50 centímetros) que usavam virotes muito pequenos (a partir de 5 centímetros), usadas na Itália da Renascença. Com acréscimo de uma coronha, tornam-se **bestas-pistolas** (*pistol crossbows*).

Bestão ou **balista** (*ballista*) é uma besta muito grande, com cerca de três metros de comprimento, usada na defesa de muralhas, que é classificada como peça de artilharia ou máquina de guerra, não como arma branca.

Pelo tipo de mecanismo para armá-las, os tipos são:

A **besta simples** não tem estribo e é armada puxando-se a corda do arco com as duas mãos enquanto os dois pés pisam no arco para firmar a arma no chão. O tipo usado na Escandinávia de 900 a 1600 é conhecido como *Skåne Lockbow* e tem comprimento de 81 centímetros, com arco simples de madeira de 92 centímetros. A tração do arco era de 25 quilos e o alcance de 50 metros. Com essa técnica, usada na Europa na Alta Idade Média, um besteiro pode disparar cinco tiros por minuto. Pesavam um quilo e meio.

A **besta estribeira de um pé** (one-foot *stirrup crossbow*) é armada puxando-se a corda do arco com as duas mãos, enquanto o pé firma a ponta da arma no chão com ajuda do estribo, técnica usada na Europa desde o século XI. Com ela, um besteiro pode disparar sete virotes por minuto, mas a tração do arco é limitada a cerca de 55 quilos. Pesavam cerca de um quilo. Alcance de 120 metros.

A **besta estribeira de dois pés** (*two-foot stirrup crossbow*) tinha estribo para dois pés, o que permite uma tração maior (uns 75 quilos), mas exige mais tempo e esforço para armar (no máximo cinco virotes por minuto). Essas bestas pesavam até dois quilos. Alcance de 150 metros.

A **besta de gancho** (*belt-and-claw crossbow*) é armada com um gancho (*claw*) preso ao cinto do besteiro, que firma o estribo com o pé e segura a haste da arma com as mãos enquanto puxa a corda com a gafa presa também ao cinto. O método foi usado na Europa a partir do século XII, mas era conhecido na China desde muito antes e continuou a ser usado até muito tempo depois. Permite tração de 75 quilos e cinco virotes por minuto. A besta pesa até 2,5 quilos. Alcance de 150 metros.

A **besta de cavaleiro** (*claw baldric crossbow*) é armada com gancho preso ao boldrié (*baldric*) do cavaleiro, pelo qual se prende a corda enquanto se empurra o estribo com o pé, método usado na Europa a partir do século XIII. Permite tração de 45 quilos e cinco virotes por minuto. A besta pesa até 1,5 quilos. Alcance de 100 metros.

A **besta de polé** (*belt-and-pulley crossbow*) armava-se com uma roldana ou polé numa correia ou corrente que se prendia numa ponta ao cinto do besteiro e na outra a um pino na base da haste. O gancho da roldana puxava a corda da besta com mais eficiência, permitindo cerca de 100 quilos de tração, mas o arranjo é delicado, com o risco de a polé travar, escorregar ou se enredar na arma. Não permite mais de quatro virotes por minuto. A besta pesa até 3 quilos. Alcance de 160 metros.

A **besta de balancim** (*Wippe crossbow*) usa uma alavanca de madeira presa no estribo, com um gancho na ponta, que empurra a corda para a noz com ajuda de uma alavanca menor. Para isso, o besteiro normalmente precisa se ajoelhar para deitar a besta no chão, a menos que a tração seja baixa (menos de 30 quilos). Permite dois virotes por minuto e tração de 55 quilos. A besta, usada desde o século XIII, pesa um a dois quilos e o balancim, um quilo. Alcance de 120 metros.

A **besta de alavanca** (*goat's foot crossbow*) usa uma alavanca de metal com gancho que se prende num pino atrás do gatilho que puxa a corda com ajuda de uma alavanca menor. A besta precisa ser deitada no chão. Usada desde o século XIII, permite dois virotes por minuto e tração de 100 a 160 quilos. Pesa 1,5 a 2,5 quilos e a alavanca 1,5 quilo. Alcance de 200 metros.

A **besta de gafa** (*gaffle crossbow*) usa um mecanismo semelhante, mas a alavanca ou gafa é feita de maneira a poder ser empurrada com a besta apoiada na coxa e o besteiro de pé. Usada desde o século XIV, permite três virotes por minuto e tração de 100 a 160 quilos. Pesa 3 a 4 quilos, incluindo a gafa. Alcance de 200 metros.

A **besta de rosca** (*screw-and-handle crossbow*) tem uma rosca de parafuso integrada à haste, movida por manivela, que move a noz para frente e para trás. O besteiro precisa fazer avançar a rosca até prender a noz na corda do arco e depois inverter o movimento. Esse mecanismo foi usado principalmente com balestrinos, que podiam ser armados em vinte segundos. Com uma besta normal, levaria pelo menos um minuto. Esse mecanismo surgiu no século XV e permite tração de 160 quilos. Alcance de 200 metros.

A **besta de garrucha** (*cranequin crossbow*) era armada com ajuda de um equipamento chamado garrucha ou armatoste (*cranequin, rack* ou *cric*): um pinhão ou roda de encontro de ferro, movimentado por uma manivela, cujos dentes postos em contato com os dentes de uma tira de ferro, ou cremalheira, puxava a noz e retesavam a corda. Havia dois tipos: "espanhol", com manivela perpendicular ao arco e "alemão", com manivela paralela. Armada a besta, o besteiro recolhia o armatoste a uma bolsa de couro no cinto. No Brasil, "garrucha" depois veio a ser uma arma de fogo de carregar com a boca, ao passo que "armatoste" ("arma-rápido", em italiano), ganhou em castelhano o sentido de objeto grande, incômodo e inútil. Usado a partir do século XIV, permitia tração de 160 a 450 quilos, mas não permitia mais de dois ou três tiros por minuto. A besta pesava até 4 quilos e o armatoste 1,5 a 3 quilos. Essas bestas eram usadas em assédios, nos quais os besteiros podia se proteger por trás de paveses (escudos grandes transportados por outros soldados) e muralhas. Alcance de até 400 metros.

A **besta de torno** (*windlass crossbow*) armava-se por meio de duas manivelas nos lados inferiores da haste, acionando dois sistemas paralelos de roldanas que juntos puxavam a corda do arco por dois ganchos até prendê-la na noz. O seu tiro, certeiro e de mais alcance, era por outro lado o mais lento: permitia tração de 200 a 2.000 quilos, mas precisava de cerca de um minuto para armar. A besta completa com seu mecanismo pesava de 5 a 10 quilos. Como as bestas de garrucha, era usada em assédios. O alcance das maiores chegava a 900 metros.

A **besta de repetição** (*repeating crossbow* ou *chu-ko-nu*, em mandarim *zhuge nu* ou *lian nu*, coreano *sunogung*) é uma arma chinesa usada desde o século IV a.C. Zhuge (ou Chu-ko) Liang, estrategista do século III d.C., aperfeiçoou o seu projeto, daí a arma ter o seu nome. A versão por ele criada disparava dois ou três virotes de cada vez, mas versões posteriores disparavam dez virotes (frequentemente envenenados) em 15 segundos, que eram guardados numa câmara sobre a parte dianteira da haste e disparados com o acionamento de uma alavanca. A tração, porém, era de apenas 15 quilos, baixa para uma besta, reduzindo o alcance útil a 70 metros. Era geralmente usada em assédios, atrás de alguma cobertura. Versões mais simples, com arco reto, eram usadas por particulares para defesa do domicílio. Foi introduzido na Coreia pelo rei Sejong (1418–1450) e usado até o fim do século XIX, inclusive na guerra sino-japonesa de 1894-95. Numa versão doméstica, o arco tinha 45 centímetros de largura, o comprimento da haste era 56 centímetros (62 com o prolongamento da câmara) e o peso era de 1,5 quilo, disparando virotes de 18 centímetros de comprimento e 8 milímetros de diâmetro. Numa versão militar, o comprimento era 1,05 metro e o peso de 5 quilos. Os virotes tinham 30 a 40 centímetros, com diâmetro de 8 a 10 milímetros.

A **besta automática** (*self-cocking crossbow*) é um modelo usado modernamente em bestas-pistola de pequena tração (35 quilos). O usuário aperta um botão e ela se arma a si mesma com um mecanismo pneumático que usa gás carbônico comprimido. O processo dura dois segundos e um cilindro de gás basta para 50 disparos à temperatura de 20°C (dez a -12°C).

Virotes

Virotes são os projéteis arremessados pela maioria das bestas, na forma de dardos ou flechas curtas. Pelo tamanho, classificam-se em:

- **Virote** (*bolt*) – curto (25 a 45 centímetros), 8 a 13 milímetros de diâmetro (raramente 19), geralmente com pequenas rêmiges de couro ou madeira no conto (traseira), peso de 30 a 80 gramas quando usados na guerra, 20 a 30 gramas na caça.

- **Virotão** – semelhante, mas mais comprido (50 a 60 centímetros).

- **Quadrela** (*quarrel*) – dardo pesado de seção quadrada e ponta piramidal, usado nas balistas e nas maiores bestas de mão para perfurar armaduras. Eram empenados de forma a girar rapidamente, para maior estabilidade em voo. Pesavam 150 gramas.

As pontas variam tanto quanto as das flechas, sendo as seguintes as mais comuns:

- **Rombuda** (*blunt*) – sem ponta, para aves e pequenos animais quando não se quer estragar as penas ou a pele.

- **Coroada** (*crown head*) – com lâminas aguçadas que formam uma coroa serrilhada, usada na caça.

- **Ponta larga** (*broad head*) – com ponta com forma de folha e empenadas de forma a girar em voo.

- **Farpada** (*barbed point*) – com farpas que se prendem dentro do corpo da vítima.

- **Estilete** (*bodkin point*) – para perfurar armaduras, usadas nas bestas mais potentes.

- **Ponta aberta** (*spread point*) – com várias pontas de metal rombudas, para evitar que o virote fosse defletido por uma armadura de placas.

- **Dondaine** (*dondaine*) – virote pesado (cerca de 80 gramas), com haste fusiforme de 19 milímetros no maior diâmetro e ponta de estilete, para perfurar armaduras.

- **Meio-dondaine** (*demi-dondaine*) – virote um pouco menos pesado, com haste fusiforme na metade traseira e mais fina e cilíndrica na dianteira.

Venenos

Exemplos de venenos aplicados em setas, virotes e dardos:

- **Curare** – extraído de certos cipós da Amazônia e Guianas (*Strychnos toxifer*, *Strychnos guianensis* ou *Chondrodendron tomentosum*) é o mais eficaz dos venenos usados em pontas de flechas. Provoca inconsciência e paralisia até a vítima parar de respirar.

- **Peçonha de víbora** – extraído da víbora (*Vipera berus*) da Europa, Ásia Central e Mongólia. Cada serpente pode fornecer 16 miligramas, ou 4 doses de veneno. O veneno provoca inchaço e gangrena, que mata lentamente a vítima, ou pelo menos a aleija.

- **Peçonha de naja** – da naja (*Naja naja*), serpente do sul da Ásia, matéria-prima de flechas envenenadas na Índia antiga. Veneno paralisante, mas menos eficaz que o curare.

- **Tikyguywa** – suco da casca do jequitibá (*Cariniana sp.*), usado pelos indígenas Uru-Eu-Wau-Wau, de Rondônia, para aumentar a hemorragia nos animais caçados.

- **Acônito** – erva (*Aconitum sp.*) que cresce na Eurásia e América do Norte e foi o veneno mais utilizado em flechas na Antiguidade e Idade Média européias e na China. Duas a quatro gramas de raiz provocam envenenamento severo; dez gramas matam, com espasmos e paralisia.

- **Heléboro** ou **rosa-de-natal** – erva (*Helleborus sp.*) que cresce na Europa Ocidental, Bálcãs, Turquia e Cáucaso e foi o veneno mais usado em virotes de bestas. Em Portugal, foi conhecido como erva-besteira. Provoca asfixia e parada cardíaca.

- **Fugu** – veneno neurotóxico do peixe fugu (*Fugu rubripes*), uma espécie japonesa de baiacu, também mata por paralisia e asfixia.

- **Cantárida** – cantárida (*Cantharis sp.*) é um besouro venenoso, cujo pó pode ser usado para envenenar armas. Em doses pequenas, é usado como afrodisíaco, pois provoca ereção.

- **Cianeto** – usado nos virotes das bestas usadas pelas forças especiais indianas no século XX. Mata em poucos minutos, por sufocação.

BIBLIOGRAFIA

WESTCOTT, D. (org.), *Primitive Technology 2*, org., Ed. Gibbs Smith, 2001.

MURRAY, S. R., SANDS, W. A., KECK, N. A. e O'ROARK, D. A., *Efficacy of the Ankyle in Increasing the Distance of the Ancient Greek Javelin Throw*, Mesa State College, Grand Junction, Colorado.

YANG, J., *The Martial Artist's Guide to Ancient Chinese Weapons*, YMAA Publication Center Inc, 2002.

ARMARIA illustrada com 70 figuras, Ed. David Corazzi, Lisboa, 1885.

BLUTEAU, R. e SILVA, A. M., *Diccionario da lingua portugueza*, Officina de S. T. Ferreira, 1789.

EVANGELISTA, N. *The encyclopedia of the sword*, Greenwood Publishing Group, 1995.

RODRIGUES, J. N., DEVEZAS, T. C., *Portugal: o pioneiro da globalização: a Herança das descobertas*, V. Nova Famalicão, Centro Atlântico, 2009.

ARMA: The Association for Renaissance Martial Arts http://www.thearma.org/.

MYARMOURY.COM: A Resource for Historic Arms and Armours Collectors http://www.myarmoury.com/home.html.

THERION Arms International: Historical swords, weapons, armor & world antiques http://therionarms.com/index.shtml

Este livro foi impresso
na Renovagraf
em Junho de 2016